준비

임에녹 지음

다윗의열쇠

다윗의열쇠를 사랑해주신 독자님들과
사명자의 귀한 본이 되어주신 김남준 목사님,
이재철 목사님께 이 책을 바칩니다.

저자 서문

많은 분들이 지금은 마지막때라고 말을 합니다. 이러한 말을 들을때마다 깊은 공감을 느낍니다. 성경에 언급된 말세의 징조들을 우리 주위에서 어렵지 않게 살펴볼 수 있기 때문입니다.

그래서인지 마지막때와 관련된 정보들이 이전보다 더욱 풍성해졌습니다. 계시록을 강해하는 설교들도 많아졌습니다. 말세와 관련된 세계적 정세를 다루는 서적들과 영상들도 쉽게 구하게 되었습니다.

이러한 현상들은 하나님의 계시가 더욱 풀어지고 또한 예수님의 재림에 대한 긴박성을 일깨워준다는 의미에서 참으로 유익하다고 말할 수 있습니다.

그럼에도 불구하고 저의 마음 한편이 시원치 않음을 고백하지 않을 수 없습니다. 마지막때와 관련된 많은 설교와 정보들이 '하나님의 말씀'보다는 '현재 나타나고 있는 종말의 징조들'

You also must be ready,
for the Son of Man is coming
at an unexpected hour.

을 다루는데 더욱 치중하고 있다는 생각이 들었기 때문입니다.

그래서 하나님의 나라를 향한 충성과 거룩, 그리고 예수님의 재림을 향한 갈망보다는 초조함과 불안함을 야기하여 오히려 신앙생활에 해가 될 수 있다는 염려를 품게 되었습니다. 하나님의 말씀에 마음을 쏟으면 믿음이 생기지만 혼란스런 현실에 중점을 두면 절망이 생기기 때문입니다.

이런 고민을 하는 가운데 성도님들이 말씀으로 무장되어 예수님의 재림을 잘 준비하실 수 있도록 도와드려야겠다는 생각을 품게 되었습니다. 그리고 기도하며 성경을 연구하는 가운데, 마지막때에 하나님께서 기뻐하시는 성도들의 삶에 대한 실제적인 교훈들을 얻게 되었습니다.

특별히 이 책은 임박한 종말론을 주장하는 책이 아님을 먼저 말씀드립니다. 김남준 목사님이 「당신은 영적 군사입니까」란 책에 언급한 것같이 "주님이 오신때로부터 세상은 말세로 접어 들었습니다"(2014:104). 초대교회의 사도들과 성도들 역시 자신들은 종말의 때를 살고 있다고 확신했습니다. 다시 오실 예수님을 실제적으로 기다렸습니다. 그리고 현재 우리가 보고 있는 수많은 종말의 징조들 역시 모든 시대에서 언제나 볼 수 있었던 것입니다.

그러나 시간이 흐를수록, 하나님께서 정하신 재림의 시기가 더욱 다가오고 있는 것은 절대적인 사실입니다. 때문에 저를 비롯한 모든 성도님들은 이전세대보다 더욱 예수님의 재림을 준비해야만 합니다.

바라옵기는 이 책을 읽으시는 분들마다 마지막때를 살아가는 성도들을 향한 하나님의 마음과 계획을 풍성히 깨닫게 되시길 소망합니다. 이를 통해 말씀과 성령의 능력으로 무장되어

악하고 험한 세대에서 더욱 승리하시고, 다시 오실 예수님을 기쁨으로 맞이하시길 온 맘으로 축원합니다.

끝으로 악한 원수 마귀가 더욱 기승을 부리는 이 시대 가운데, 하나님의 나라와 영광을 위해 오늘도 충성된 사명의 길을 걸어가시는 모든 동역자님들과 다윗의열쇠를 아껴주시는 독자님들께 감사의 마음을 전합니다. 또한 다시 오실 만왕의 왕 예수님께 모든 감사와 영광을 돌립니다.

마라나타! 아멘 주 예수여 어서 오시옵소서!

2016년 6월

임에녹

목차

*You also must be ready,
for the Son of Man is coming
at an unexpected hour.*

chapter 1
마지막때에 하나님을
더욱 경외하라

여호와를 경외하는 자 누구냐 그가 택할 길을 그에게 가르치시리
로다 그의 영혼은 평안히 살고 그의 자손은 땅을 상속하리로다
여호와의 친밀하심이 그를 경외하는 자들에게 있음이여 그의 언
약을 그들에게 보이시리로다(시 25:12-14).

마지막때에 하나님을 더욱 경외하라

세상을 뒤덮는 영적 혼돈

현 시점에 들어 현대인들의 마음에 '혼돈'이라는 화두가 던져지고 있습니다. 어떻게 살아가야 할지 막막한 개인적 혼돈이 현대인들을 뒤덮고 있습니다. 많은 장년분들이 노후 준비는커녕 가정을 부양하는 것 자체를 힘들어 하고, 청년들은 취직이 어려워서 연애와 결혼을 포기할 정도입니다. 인생에 대한 구체적인 비전을 갖는 것 자체가 어렵습니다.

국가의 지도자들 역시 불안한 주변 정세로 인해 긴장감을 늦추지 못합니다. 경제위기로 인해 많은 국가들이 어려움을 당하고 있습니다. 강대국들의 군사적 확장과 서로에 대한 견제의 긴장감은 이전보다 더욱 커지고 있습니다.

또한 가공할 위력으로 다가오는 자연재해들과 세계 곳곳으로 퍼져나가는 테러의 위협은 전 세계가 심상치 않은 상태에 있음을 알려 줍니다. 한마디로 개인적 혼돈을 비롯한 경제적 혼돈, 그리고 국가적 혼돈이 전 세계를 강타하고 있는 것입니다.

그런데 이보다 더욱 큰 충격으로 우리에게 다가오는 혼돈이 있습니다. 바로 영적인 혼돈입니다. 하나님의 창조질서에 정면으로 도전하는 동성결혼 합법화가 세계적 추세로 확산되고 있습니다. 또한 종교다원주의를 표방하는 운동에 기독교 지도자들이 무분별하게 동참하고 있습니다.

미국에서는 동성애 목회자에게 안수를 주려는 교단들의 움직임이 점차 늘어나고 있으며, 차별금지법을 통해 복음전파를 근본적으로 차단하려는 악한 시도들이 우리나라를 비롯한 세계 곳곳에서 자행되고 있습니다. 그 무엇보다 무섭고 두려운 영적인 혼돈이 전 세계를 뒤덮어가고 있는 것입니다.

미쳐가는 세상과 더불어 진리의 빛 역시 희미해져서 도무지 대안이 보이지 않는 시대! 바로 마지막때를 절실히 깨닫게 해 주는 총체적인 혼돈의 시대에 우리가 살고 있는 것입니다.

경외하는 자를 지도하시는 하나님

이러한 혼돈의 시대에 우리에게 참으로 소망을 주는 하나님의 말씀이 있습니다. 그것은 시편 25편 12-13절의 말씀입니다.

> 여호와를 경외하는 자 누구냐 그가 택할 길을 그에게 가르치시리로다 그의 영혼은 평안히 살고 그의 자손은 땅을 상속하리로다(시 25:12-13).

하나님께서는 이 말씀을 통해 하나님을 경외하는 자들의 앞길을 친히 가르쳐 주실 것을 약속하셨습니다. 비록 우리가 극한 혼돈의 시대를 살아간다 할지라도 하나님을 경외하는 마음을 갖고 있다면, 하나님의 신실하신 인도하심을 누리게 된다는 것을 말씀하신 것입니다.

저는 신학을 공부하면서 웨슬리신학과 칼빈신학 모두를 배우는 기회를 가졌습니다. 웨슬리신학은 인간의 자유의지를 강조하는 반면 칼빈신학은 하나님의 절대주권을 강조합니다.

그런데 개인적인 견해로써, 구원과 관련해서는 칼빈신학이 옳다고 확신합니다. 성경은 하나님의 전적인 주권과 특별한 은혜 가운데 우리가 예수님을 구주로 영접하게 된다는 것을 강조하기 때문입니다.

너희는 그 은혜에 의하여 믿음으로 말미암아 구원을 받았으니 이것은 너희에게서 난 것이 아니요 하나님의 선물이라(엡 2:8).

그러나 모든 것이 하나님의 은혜이지만, 우리가 살아가는 이 현세에 국한해 본다면 인간의 자유의지 역시 하나님께서 주시는 풍성한 삶에 지대한 영향을 준다는 사실을 부정할 수 없습니다.

하나님은 모든 성도들에게 무조건적인 형통의 삶을 보장해 주시지 않으십니다. 하나님을 전적으로 의지하며 그 뜻에 순종하려고 하는 자에게 특별한 인도와 보호를 허락해 주시는 것입니다.

때문에 하나님께서는 이사야 66장에서 "무릇 마음이 가난하고 심령에 통회하며 내 말을 듣고 떠는 자 그 사람은 내가 돌보려니와"라고 말씀하셨고(사 66:2), 잠언 3장에서도 "너는 마음을 다하여 여호와를 신뢰하고 네 명철을 의지하지 말라 너는 범사에 그를 인정하라 그리하면 네 길을 지도하시리라"라고 말씀하셨습니다(잠 3:2-3).

하나님께서는 우리가 이 땅을 살아갈 때, 전적으로 하나님을 신뢰하는 자를 특별히 지도해 주신다고 약속해 주신 것입니다.

하나님의 침묵과 지도하심

이러한 사실은 이스라엘의 초대 왕들이었던 사울과 다윗의 삶속에서 분명히 드러납니다.

사무엘상 28장에는 하나님께 버림을 받은 사울이 갈급하게 하나님의 인도하심을 구하는 장면이 나옵니다. 블레셋 군사들이 쳐들어왔는데 어떻게 대처해야 할지를 몰라서 하나님의 도우심을 구했던 것입니다. 이때 하나님께서는 사울의 기도에 전혀 응답하지 않으십니다. 이로 인해 낙심한 사울은 결국 신접한 여인을 찾아 도움을 구합니다.

이와 동일하게 사무엘상 30장에서 다윗 역시 크게 다급한 심정으로 하나님을 찾습니다. 부하들과 함께 전장에서 돌아왔는데, 아말렉 사람들이 침노하여 집을 불태우고 자신을 비롯한 모든 동료의 가족들을 잡아갔던 것입니다.

비록 망명생활동안 다윗을 의지하며 살았던 동료이지만, 가족들이 모두 사라진 것으로 인해 마음이 상한 부하들은 슬픔을 감추지 못했습니다. 한마음으로 다윗을 죽이려고 했습니다. 이로 인해 다윗의 마음이 심히 다급해졌던 것입니다.

그러나 이러한 환경에서 다윗은 하나님을 힘입어 용기를 얻습니다. 그리고 제사장 아비아달에게 에봇을 가져오게 하고, 하나님께 아말렉 족속에게서 가족들을 찾을 수 있을지 여쭙니다. 이때 하나님께서는 다윗의 질문에 신실하게 답해 주십니다. 결국 다윗은 하나님의 지도를 따라 이들을 치고, 빼앗겼던 가족을 모두 되찾아 올 뿐 아니라 이들의 재산까지 차지하게 됩니다.

> 백성들이 자녀들 때문에 마음이 슬퍼서 다윗을 돌로 치자 하니 다윗이 크게 다급하였으나 그의 하나님 여호와를 힘입고 용기를 얻었더라 다윗이 아히멜렉의 아들 제사장 아비아달에게 이르되 원하건대 에봇을 내게로 가져오라 아비아달이 에봇을 다윗에게로 가져가매 다윗이 여호와께 묻자와 이르되 내가 이 군대를 추격하면 따라잡겠나이까 하니 여호와께서 그에게 대답하시되 그를 쫓아가라 네가 반드시 따라잡고 도로 찾으리라(삼상 30:6-7).

하나님께서는 위기와 혼돈의 시기 가운데 하나님을 경외하지 않는 자에게는 침묵하시고, 반대로 온 마음으로 하나님을 구하는 자에게는 역경을 헤쳐나갈 수 있는 지혜와 방법을 구체적으로 지도해 주시는 것입니다.

사랑하는 여러분, 하나님을 경외하는 자와 그렇지 않은 자의 삶은 일상생활에서 큰 차이가 나지 않을 수 있습니다. 오히려 때로는 죄악된 삶을 살아가는 성도가 외면적으로 볼 때 더

나은 삶을 사는 것 같기도 합니다.

그러나 마지막때를 알려주는 혼돈의 시대에서는 전혀 다른 결과를 맞이하게 됩니다. 하나님을 향한 경외함이 없는 성도에게 여전히 하나님의 사랑은 떠나지 않으시나, 특별한 지도하심은 임하지 않습니다. 때문에 그의 심령이 하나님을 경외함으로 변하지 않는 한, 방황하는 삶으로 고통 하다가 결국 천국에 도달하게 될 것입니다.

반면에 진정 하나님을 경외하는 자에게는 특별한 하나님의 임재와 보호하심이 있습니다. 사울이 다윗을 수차례 죽이려 했지만 하나님께서 때마다 다윗을 보호해 주셨던 것처럼, 하나님의 남다른 은혜와 비상한 지도하심을 받으며 위기를 넘어가게 됩니다(삼상 23:19-29, 24:1-7, 26:1-12). 결국 예상치 못한 형통의 삶을 누리게 되는 것입니다.

때문에 마지막때를 살아가는 성도들에게 여호와를 경외하는 것은 선택이 아닌 필수가 되어야 합니다. 여호와를 경외하는 성도만 이 혼탁하고 어두운, 그리고 날로 악하고 음란해지는 세대 가운데 하나님께서 기뻐하시는 삶을 살아갈 수 있습니다. 이제는 하나님을 경외하는 것만이 성도의 유일한 희망입니다.

경외하는 자에게 보여지는 하나님의 계획

이와 더불어 우리가 더욱 주목해야 할 사실은, 하나님께서 시편 25편 14절을 통해 여호와를 경외하는 자에게 '친밀하심'을 약속해 주신 것입니다.

> 여호와의 친밀하심이 그를 경외하는 자들에게 있음이여 그의 언약을 그들에게 보이시리로다(시 25:14).

여호와의 친밀하심은 특별한 애정과 사랑을 의미합니다. 참으로 복되고 아름다운 하나님의 축복입니다.

그런데 '친밀하심'으로 번역된 히브리 단어 '소드'(sod)는 우리가 생각하는 '친밀함'과는 조금 다른 의미를 갖고 있습니다. 안타깝게도 아름답게 번역은 되었지만 정확한 번역은 아닌 것입니다.

'소드'의 본 의미는 '회의, 긴밀한 대화'입니다. 한마디로 믿을 수 있는 최측근들과 긴급하고 중요한 일들에 대한 논의를 벌이는 것입니다.

그리고 '소드'는 구약 성경에서 단 두 곳에서만 사용되었는데, 또 다른 곳인 예레미야 23장 18절에서는 본래의 의미 그대로 정확하게 번역되었습니다.

> 누가 여호와의 회의(소드)에 참여하여 그 말을 알아들었으며
> 누가 귀를 기울여 그 말을 들었느냐(렘 23:18).

이런 원어의 의미를 생각하면 시편 25편과 예레미야 23장에 언급된 하나님의 약속은 더욱 분명해 집니다. 하나님께서는 당신을 경외하는 자에게 남들은 알지 못하는 특별한 계획과 섭리를 알려 주신다는 것입니다. 때문에 여호와를 경외하는 자, 즉 하나님과 그의 나라를 위해 온전히 헌신하길 기뻐하는 자는 다른 사람들은 전혀 알지 못하는 하나님의 비밀한 계획하심과 섭리들을 깨닫는 은혜를 누리게 됩니다.

이러한 하나님의 일하심에 대하여 김남준 목사님은 「역사를 움직이는 하나님의 일꾼」이란 책에서 다음과 같이 말했습니다.

> 하나님은 이처럼 하나님 나라의 회복을 고대하는 사람들에게 당신의 계획을 보여 주십니다. 그렇습니다. 당신의 비밀스런 계획을, 세상 풍조에 흔들리며 의식 없이 살아가는 사람들에게 알려 주시는 법은 없습니다. 신령한 마음으로 하나님과 교통하며 진정한 하나님의 부흥이 이 땅에 오기를 사모하며 기다리는 사람들만이 하나님의 계획을 공유할

수 있고 하나님의 위대한 일들에 참여할 수 있는 것입니다
(2013:31).

그리고 저는 이와 같은 하나님의 약속을 깨닫고 성경을 살펴보는 가운데 깜짝 놀라게 되었습니다. 하나님과 깊은 관계를 누리던 위대한 믿음의 선조들은 한결같이 먼 훗날 나타나게 될 하나님의 일하심을 미리 알고 있었다는 것을 깨닫게 된 것입니다. 대표적인 예를 언급하자면 다음과 같습니다.

예수님의 재림을 알고 있던 에녹

먼저 창세기 5장에는 하나님과 3백년을 동행한 에녹이 나옵니다. 에녹은 아담의 칠대 손이었으니, 창조 직후의 사람이라고 말해도 무관합니다. 그런데 에녹은 마지막때에 예수님께서 심판주로 재림하실 것을 미리 알고 있었습니다. 하나님께서 당신을 경외하는 에녹에게 마지막때와 관련된 특별한 계획들을 친히 알려 주신 것입니다.

아담의 칠대 손 에녹이 이 사람들에 대하여도 예언하여 이르되 보라 주께서 그 수만의 거룩한 자와 함께 임하셨나니 이는 뭇 사람을 심판하사 모든 경건하지 않은 자가 경건하

예수님을 보고 즐거워한 아브라함

믿음과 순종함 가운데 하나님을 경외하는 자로 인정받은 아
브라함 역시, 다른 사람은 알지 못하는 하나님의 특별한 계시
를 받은 자였습니다.

창세기 18장에서 하나님은 아브라함에게 "내가 하려는 것을
아브라함에게 숨기겠느냐?" 말씀하시며, 두 가지 특별한 계획
을 알려 주십니다. 첫째는 아브라함과 그의 자손을 번성케 하
시려는 하나님의 계획이고, 다른 하나는 소돔과 고모라에 대
한 심판 계획입니다(창 18:17-21). 하나님은 아브라함을 '친구'와
같은 친밀한 존재로 여기셨기에, 비밀한 계획을 함께 나누길
기뻐하셨던 것입니다.

이러한 사실은 요한복음 8장에서 더욱 분명해 집니다. 예수

님께서는 "너희 조상 아브라함은 나의 때 볼 것을 즐거워하다가 보고 기뻐하였느니라"라고 말씀하셨습니다(요 8:56). 아브라함은 하나님께서 인류를 구원하시기 위해 예수님을 보내실 구속의 계획을 미리 알고 있었고, 하나님의 뜻이 성취되는 것을 보며 더욱 감격했던 것입니다.

예수님을 위해 헌신한 모세

하나님의 임재를 눈으로 목격했던 모세 역시, 먼 훗날에 대한 하나님의 계획을 알고 있었습니다. 그는 훗날 하나님께서 예수님을 이 땅에 보내실 것을 깨닫고, 이것을 이스라엘 백성들에게 알려 주었습니다.

네 하나님 여호와께서 너희 가운데 네 형제 중에서 너를 위하여 나와 같은 선지자 하나를 일으키시리니 너희는 그의 말을 들을지니라(신 18:15).

또한 하나님의 아들이신 예수님을 즐거워하고, 그 분에게 상 받을 것을 생각하며 자신의 사명을 기쁨으로 감당하였습니다. 특별한 하나님의 은혜와 사랑을 입었던 모세는 천여 년 후에나 이 땅에 임하실 메시야 예수님으로 인해 기뻐하는 삶을 살았던 것입니다.

> 믿음으로 모세는 장성하여 바로의 공주의 아들이라 칭함 받기를 거절하고 도리어 하나님의 백성과 함께 고난 받기를 잠시 죄악의 낙을 누리는 것보다 더 좋아하고 그리스도를 위하여 받는 수모를 애굽의 모든 보화보다 더 큰 재물로 여겼으니 이는 상 주심을 바라봄이라(히 11:24-26).

예수님의 부활을 기뻐한 다윗

하나님의 마음에 합했던 다윗 역시 훗날에 대한 하나님의 계획을 알고 있었습니다. 사도행전 2장에서 성령의 충만을 받고 이스라엘 백성들에게 복음을 전하는 사도 베드로는 다음과 같은 다윗의 예언을 소개합니다.

> 형제들아 내가 조상 다윗에 대하여 담대히 말할 수 있노니 다윗이 죽어 장사되어 그 묘가 오늘까지 우리 중에 있도다 그는 선지자라 하나님이 이미 맹세하사 그 자손 중에서 한 사람을 그 위에 앉게 하리라 하심을 알고 미리 본 고로 그리스도의 부활을 말하되 그가 음부에 버림이 되지 않고 그의 육신이 썩음을 당하지 아니하시리라 하더니 이 예수를 하나님이 살리신지라 우리가 다 이 일에 증인이로다(행 2:29-32).

베드로의 언급을 통해 알 수 있듯, 다윗은 장차 자신의 후손으로 임하실 메시야 예수님을 뵈며 기뻐하고 즐거워했습니다. 또한 예수님의 시신이 썩지 않고 부활하실 것을 기쁨으로 찬양했습니다.

하나님께서는 다윗에게 장차 오실 예수님을 친히 보여 주시고, 예수님께서 십자가에서 죽으시지만 영광으로 부활하실 것까지 모두 알려 주셨던 것입니다.

종말의 계시를 받은 다니엘

하나님의 큰 은혜를 입은 다니엘은 어떠합니까? 다니엘은 노아, 욥과 더불어 하나님께서 칭찬하시는 삼대 의인입니다(겔 14:14-20). 하나님과 깊은 친밀함을 누린 위대한 신앙인입니다. 하나님은 이러한 다니엘에게 특별한 지혜와 계시를 주셨습니다. 이를 통해 역사를 운행하시는 하나님의 섭리를 깨닫고 총리로써 귀한 사역을 감당하게 하셨습니다.

> 하나님이 이 네 소년에게 학문을 주시고 모든 서적을 깨닫게 하시고 지혜를 주셨으니 다니엘은 또 모든 환상과 꿈을 깨달아 알더라(단 1:17).

그런데 더욱 주목할 사실은 다니엘 12장에 언급된 것과 같이 하나님께서 다니엘에게 너무도 구체적이고 중요한 종말의 계시를 주신 것입니다. 다니엘은 예수님의 재림과 전혀 관계가 없는 자입니다. 그럼에도 불구하고 하나님께서는 큰 은혜를 입은 다니엘에게 마지막때에 대한 비밀한 계획을 주시길 기뻐하셨습니다.

그가 이르되 다니엘아 갈지어다 이 말은 마지막 때까지 간수하고 봉함할 것임이니라 많은 사람이 연단을 받아 스스로 정결하게 하며 희게 할 것이나 악한 사람은 악을 행하리니 악한 자는 아무것도 깨닫지 못하되 오직 지혜 있는 자는 깨달으리라 매일 드리는 제사를 폐하며 멸망하게 할 가증한 것을 세울 때부터 천이백구십 일을 지낼 것이요 기다려서 천삼백삼십오 일까지 이르는 그 사람은 복이 있으리라 너는 가서 마지막을 기다리라 이는 네가 평안히 쉬다가 끝날에는 네 몫을 누릴 것임이라(단 12:9-13).

장엄한 종말의 계시를 받은 사도 요한

마지막으로 열두 제자 중에서 예수님의 특별한 사랑을 입은 요한 역시 남다른 하나님의 계시를 받았습니다. 요한은 제자들 중에서 가장 나이가 어렸던 사도입니다. 그래서인지 예수님의 가슴에 누워 식사를 할 정도로 예수님과 특별한 친밀함을 누렸습니다. 예수님께서 십자가에서 소천하시는 순간에도 여전히 예수님의 곁을 지켰던 하나님의 사람입니다.

> 예수의 제자 중 하나 곧 그가 사랑하시는 자가 예수의 품에 의지하여 누웠는지라(요 13:23).

> 예수의 십자가 곁에는 그 어머니와 이모와 글로바의 아내 마리아와 막달라 마리아가 섰는지라 예수께서 자기의 어머니와 사랑하시는 제자가 곁에 서 있는 것을 보시고 자기 어머니께 말씀하시되 여자여 보소서 아들이니이다 하시고 또 그 제자에게 이르시되 보라 네 어머니라 하신대 그 때부터 그 제자가 자기 집에 모시니라(요 19:25-27).

그런데 신기하게도 종말에 대한 가장 장엄하고 위대한 계시는 다름 아닌 이 요한에게 임하였습니다. 예수님의 사랑을 가장 많이 받은 요한에게 가장 비밀하고 웅장하면서 구체적인 하나님의 계획이 드러난 것입니다.

> 예수 그리스도의 계시라 이는 하나님이 그에게 주사 반드시 속히 일어날 일들을 그 종들에게 보이시려고 그의 천사를 그 종 요한에게 보내어 알게 하신 것이라(계 1:1).

이 모든 예들은 한결같이 하나님과 깊은 관계에 있는 자, 즉 하나님을 더욱 경외하는 자들을 향한 하나님의 기뻐하시는 뜻을 알려 줍니다. 바로 장차 일어날 하나님의 계획을 함께 나누길 즐거워하신다는 사실입니다.

경외하는 자에게 미리 알리시는 하나님

이러한 사실은 하나님을 경외하는 자들에게 장차 임할 종말의 사건들이 갑작스러운 것이 아니라 충분히 예견된 상태로 임할 것을 예고해 줍니다. 사도 바울 역시 데살로니가전서 5장을 통해 이러한 사실을 성도들에게 알려 줍니다.

형제들아 너희는 어둠에 있지 아니하매 그 날이 도둑 같이 너희에게 임하지 못하리니 너희는 다 빛의 아들이요 낮의 아들이라(살전 5:4-5).

사도 바울은 예수님의 재림의 날이 도둑같이 임하지만, 빛의 아들들에게는 충분히 예견된 상태로 임하는 것을 가르쳐 주었습니다. 하나님께서 당신을 경외하는 자들에게는 남들이 전혀 알 수 없는 하나님의 계획을 친히 가르쳐 주신다는 사실을 확증해 주는 것입니다.

제가 주위의 동역자분들을 돌아보면, 이러한 하나님의 은혜를 더욱 실감하게 됩니다. 하나님께서 만나게 해주신 동역자분들이 한결같이 귀하지만, 이 중에서도 별과 같이 빛나는 고귀한 영성을 지니신 분들이 계십니다.

그런데 이런 분들의 한결같은 공통점은 역사를 운행하시는 하나님의 손길에 대한 특별한 감각이 있는 것입니다. 잇사갈 자손의 지혜로운 리더들과 같이 하나님께서 이 세상을 어떻게 이끌고 계시는지를 가슴으로 느낍니다. 하나님께서 기뻐하시는 사역을 위해 준비하고 헌신합니다.

당신을 경외하는 자들을 향한 하나님의 특별한 은혜 가운데, 하나님의 계획하심과 일하심을 본능적으로 아는 것입니다.

잇사갈 자손 중에서 시세를 알고 이스라엘이 마땅히 행할 것을 아는 우두머리가 이백 명이니 그들은 그 모든 형제를 통솔하는 자이며(대상 12:40).

반면에 하나님을 경외하는 마음이 상대적으로 적으신 동역자분들은 그 감각이 많이 떨어집니다. 어떠한 경우에는 하나님의 마음과 상관없이 자신이 원하는 사역에 더욱 헌신합니다. 하나님을 경외하는 자에게 부어주시는 계획과 섭리들을 느끼지 못하는 것입니다.

　이러한 사실은 교역자뿐 아니라 모든 성도님들께도 동일하게 적용됩니다. 마지막때가 다가오는 것을 깨닫고 예수님의 재림을 준비하기 위해 노력한다 할지라도, 하나님을 경외하지 않는 심령은 온전한 준비를 하기 어렵습니다.

　앞에서 언급한 것과 같이 하나님께서 앞길을 지도하지 않으시기 때문입니다.

　때문에 이런 분들에게는 주위에서 들려오는 재림의 징조들이나 귀한 사역자들의 권고 역시 특별한 도움이 되지 못합니다. 많은 경우 하나님의 뜻이 아닌, 자신의 생각대로 마지막때를 준비하는 실수를 범하기 때문입니다.

　또한 마지막때와 관련된 정보를 접하면 접할수록 미혹의 영에 붙잡히는 경우가 많습니다. 먼저 종말과 관련해서 우리가 쉽게 접하는 정보들은 악한 자들이 의도를 가지고 퍼트리는 것들이 많은데, 하나님을 경외하지 않는 자는 헛되고 거짓된 정보에 마음을 빼앗기기 쉽습니다.

　하나님의 마음이 부어지지 않은 성도들은 진리의 가면을 쓰고 교묘하게 파고드는 거짓 영을 분별하기가 쉽지 않기 때문입니다.

사랑하는 여러분, 마지막때를 준비할 수 있는 지혜와 능력은 오직 하나님 한분을 통해 공급됩니다. 때문에 혼탁하고 어두운 시대일수록, 또한 예수님의 재림이 다가올수록 우리는 더욱 하나님을 경외하는 심령을 가져야 합니다.

이로 인해 하나님과의 깊은 친밀함 가운데, 역사를 운행하시는 하나님의 섭리들을 깨닫고 매 순간마다 하나님의 지도하심을 받아야 합니다. 이것이 세상을 뒤덮는 혼돈을 물리치고, 장차 임할 예수님의 재림을 기쁨으로 맞이하는 우선된 비결입니다.

여호와는 그를 경외하는 자 곧 그의 인자하심을 바라는
자를 살피사 그들의 영혼을 사망에서 건지시며
그들이 굶주릴 때에 그들을 살리시는도다(시 33:18-19).

chapter 2

잠들게 하는 사단의 전략을
기도로 파하라

너희는 스스로 조심하라 그렇지 않으면 방탕함과 술취함과 생활의 염려로 마음이 둔하여지고 뜻밖에 그 날이 덫과 같이 너희에게 임하리라 이 날은 온 지구상에 거하는 모든 사람에게 임하리라 이러므로 너희는 장차 올 이 모든 일을 능히 피하고 인자 앞에 서도록 항상 기도하며 깨어 있으라 하시니라(눅 21:34-36).

잠들게 하는 사단의 전략을 기도로 파하라

불시에 임하는 퀴즈시험

제가 신대원에서 공부할 때였습니다. 부흥에 대한 뜨거운 열망을 지니신 박용규 교수님께 교회사를 배우는 귀한 일정을 보내고 있었습니다.

그런데 이때 교수님께서 풍성한 강의를 위해 정하신 하나의 규칙이 있었습니다. 바로 불시에 임하는⒂ 퀴즈 시험이었습니다. 다루어야 할 내용이 워낙 많았기 때문에 미리 예습하여 강의 내용을 잘 소화하게 하신 것입니다.

그래서 저를 비롯한 동료들은 강의 전날마다 예습을 하며 언제 임할지 모를 퀴즈 시험을 준비했습니다. 그리고 퀴즈 없이 강의가 시작되면 한층 긴장된 마음을 쓸어내리며 은혜의 강의를 들었고, 간혹 퀴즈를 볼 때는 간단히 시험을 치른 후에 강의를 들었습니다.

그런데 학기 후반부쯤 저희 반 동료 모두가 심히 부끄러워지는 일이 나타났습니다. 저를 비롯한 대부분의 동료들이 예습을 등한시 했는데, 바로 그때 불같은(?) 시험이 임한 것입니다.

이후 특별한 애정으로 저희 반 학생들을 아끼셨던 교수님은 형편없는 시험 결과를 보시며 크게 실망하셨습니다. 학생들 역시 교수님께 송구스런 마음이 가득하여 머리를 들 수가 없었습니다. 이때 교수님은 나지막한 음성으로 다음과 같은 말씀을 하신 후 우울한 마음으로 강의를 시작하셨습니다.

"여러분들은 실력있는 학생들인 줄 알았는데……."

시간이 한참이나 지났지만 교수님의 한 마디 말씀은 지금도 저의 귓속에 또렷이 들립니다. 준비되지 않은 자가 겪는 난처하고 고통스러운 심정이 어떠한 것인지를 너무도 분명히 배우는 계기가 되었기 때문입니다.

'깨어 있으라' 명령하신 예수님

예수님께서 우리가 난처한 곤경을 경험하지 않도록 힘주어 강조하신 말씀이 있습니다. 그것은 '깨어 있으라'는 것입니다. 언제 예수님의 재림이 임할지 우리가 알지 못하기 때문에 깨어 대비해야 된다는 것입니다.

그래서 예수님께서는 마태복음 24장에서 "깨어 있으라 어느 날에 너희 주가 임할는지 너희가 알지 못함이니라"라고 말씀하셨고(마 24:42), 누가복음 21장에서도 "너희는 장차 올 이 모든 일을 능히 피하고 인자 앞에 서도록 항상 기도하며 깨어 있으라"라고 말씀하셨습니다(눅 21:36).

사도 바울 역시 데살로니가교회 성도들에게 "우리는 다른 이들과 같이 자지 말고 오직 깨어 정신을 차릴지라"라고 권면했습니다(살전 5:6). 깨어 있는 자만이 예수님의 재림을 기쁨으로 맞이할 수 있기에, 더욱 깨어 있을 것을 성경이 강조하는 것입니다.

그런데 이처럼 '깨어 있으라'는 성경의 강조는 역설적으로 마지막때에 많은 성도들이 잠들어 있을 수 있다는 사실을 암시해 줍니다. 하나님께서 두려움으로 가득했던 여호수아에게 '두려워하지 말라' 명령하시고(수 1), 기도하지 않아 시험에 빠질 제자들에게 '시험에 들지 않도록 깨어 기도하라'라고 예수님께서 말씀하신 것처럼(마 26:41), 마지막때에 많은 성도님들이 깨어 있지 못할 것을 아셨기에 계속적으로 깨어 있으라고 명령하신 것입니다.

성도를 잠들게 하는 세상의 방법들

너무도 감사한 사실은, 예수님께서 악한 세상이 성도들을 잠들게 하는 구체적인 방법들을 친히 소개해 주신 것입니다. 예수님은 누가복음 21장 34절을 통해 다음과 같이 말씀하셨습니다.

> 너희는 스스로 조심하라 그렇지 않으면 방탕함과 술취함과 생활의 염려로 마음이 둔하여지고 뜻밖에 그 날이 덫과 같이 너희에게 임하리라(눅 21:34).

방탕함과 술취함, 그리고 생활의 염려로 인해 많은 성도님들이 마음이 둔해져서 예수님의 재림을 기쁨이 아닌, 고통스러운 덫으로 겪게 된다는 사실을 가르쳐 주신 것입니다.

그렇습니다. 준비된 자에게 기회는 특별한 은혜로 다가오지만 준비되지 않은 자에게는 재앙으로 다가옵니다. 준비된 지도자는 모두에게 소망과 기쁨을 주지만 준비되지 않는 지도자는 공동체를 슬픔으로 이끄는 재앙이 됩니다.

이처럼 깨어있음으로 준비된 성도에게 예수님의 재림은 기쁨과 승리가 되지만, 마음이 둔해져서 잠들어 있는 성도에게는 참으로 슬프고 고통스런 사건으로 다가올 것입니다.

때문에 우리는 예수님께서 소개하신 세 가지 사단의 전략들, 즉 성도를 잠들게 하는 악한 사단의 궤계들을 파악하고 이를 경계하여 더욱 깨어있는 하나님의 백성이 되어야 합니다.

고통으로 이끄는 방탕함

예수님께서 첫 번째로 소개하신 악한 세상의 전략은 방탕함입니다.

우리는 방탕함을 생각할 때 누가복음 15장에 나오는 탕자와 같이 주색잡기에 빠진 인생을 떠올리기 쉽습니다. 그래서 방탕함은 일반적인 성도들과는 거리가 멀다고 오해할 수 있습니다.

그런데 '방탕함'으로 번역된 헬라어 단어 '크라이팔레'(kraipale)는 우리가 생각하는 방탕함의 의미가 아닙니다. 이 단어는 신약성경에 단 한번 언급되었는데 '과식과 과음으로 인한 두통'을 뜻합니다. 너무 먹고 마셔서 머리가 깨질 듯한 고통을 겪을 때 사용하는 단어입니다.

이러한 본래의 의미를 생각하면, 악한 세상이 성도들을 잠들게 하는 유혹이 무엇인지 더욱 분명히 깨달아집니다. 그것은 각 개인이 정도의 분량을 넘어서도록 충동질하여, 스스로 고통에 빠지도록 유도하는 것입니다.

우리가 머리가 아프면 공부하기 어려운 것처럼, 스스로 고통에 빠져서 예수님께 집중하지 못하도록 만드는 것! 이것이 바로 방탕함으로 성도를 무너트리는 사단의 전략입니다.

사랑하는 여러분, 모든 인간이 이처럼 고통스러운 삶을 살아가게 된 근본적인 이유는 원수 마귀가 아담과 하와의 마음을 충동질한 것에서 비롯됩니다.

하나님의 피조물인 아담과 하와가 하나님의 통치에서 벗어나 하나님의 위치에 오를 것을 충동질하고, 아담과 하와가 자신의 본분에서 벗어나 선악과를 따먹은 결과 모든 죄와 사망의 권세가 이 세계를 덮은 것입니다.

뱀이 여자에게 이르되 너희가 결코 죽지 아니하리라 너희가 그것을 먹는 날에는 너희 눈이 밝아져 하나님과 같이 되어 선악을 알 줄 하나님이 아심이니라(창 3:4-5).

이처럼 악한 세상은 세상 사람들뿐만이 아니라 성도들에게도 정도에서 벗어난 삶을 살도록 충동질 합니다. 그리고 마지막때가 되어 갈수록 그 정도는 더욱 심각해질 것입니다.

방탕함으로 더욱 무너지는 성도

지금 우리의 삶을 잠시 살펴보십시오. 세상 사람들 뿐 아니라 많은 성도님들 역시 정도를 벗어난 욕심으로 인해 큰 고통을 겪고 있습니다. 먼저 우리의 육체를 살펴보면 건강한 분들보다 건강하지 않은 분들이 더욱 많음을 볼 수 있습니다.

건강은 생활환경과 유전, 스트레스와 운동 등과 같은 여러 요소들이 복합적으로 영향을 미치는 것이지만, 현대인들을 병들게 하는 가장 주요한 것은 식습관이라고 할 수 있습니다. 몸에 좋은 음식을 적절히 섭취해야 하는데, 몸에 좋은 것보다 혀에 좋은 음식을 분에 넘치게 먹기 때문에 수많은 현대인들이 비만과 성인병으로 고통 합니다.

스트레스 역시 우리 자신이 소화할 수 있는 일의 분량을 넘어선 욕심의 산물이라고 말할 수 있습니다. 한마디로 적절한 분량을 넘어서서 스스로 고통에 빠지는 것입니다.

현대인들의 가정은 어떠합니까? 가정은 하나님께서 창조하신 작은 천국이라고 말할 수 있습니다. 그러나 천국을 누리고 있는 가정은 그리 많아 보이지 않습니다. 수많은 가정들이 고통하고 깨어지고 있는 것이 현실입니다.

그런데 이 모든 근본원인은 무엇입니까? 하나님께서 정하신 분량을 각자가 넘어서기 때문입니다. 아내와 남편이 하나님께서 정하신 지위에 만족하지 않고 그 이상을 주장할 때, 자신의 배우자에 만족하지 않고 또 다른 이성을 동경할 때 가정의 갈등과 붕괴가 오는 것입니다.

경제적 고통도 마찬가지입니다. 원치 않는 가난의 대물림과 연약한 자들을 배려하지 않는 사회적 제도들도 경제적 고통의 주요 원인이 되지만, 일반적으로 많은 사람들이 겪는 경제적 고통의 원인은 자신의 분량을 넘어서는 지출이라고 볼 수 있습니다. 자신의 형편에 적합하지 않은 차와 부동산 소유, 그리고 정도를 넘어선 지출로 인해 결국 경제적 고통에 빠지게 되는 것입니다.

이처럼 악한 세상은 정도를 넘어서게 하는 욕심을 충동질하여 큰 고통을 겪게 합니다. 성도들이 심한 고통 가운데 마음이 둔감해져서 예수님께 집중하지 못하도록 만드는 것입니다.

오직 각 사람이 시험을 받는 것은 자기 욕심에 끌려 미혹됨이니(약 1:14).

헛된 것에 중독되게 하는 술취함

예수님께서 두 번째로 소개하신 세상의 악한 도구는 술취함입니다.

술취함은 말 그대로 술에 중독되는 것입니다. 술에 중독되어 이성이 마비되고 혼미한 상태에 있는 것을 의미합니다. 그런데 성경에서 말하는 술취함은 단순히 술에 취해있는 상태에 머물지 않습니다. 하나님과 반대된 악한 세상에 취해 있는 것과 동일시합니다.

그래서 성경은 "술 취하지 말라 이는 방탕한 것이니 오직 성령으로 충만함을 받으라"라고 말씀하십니다(엡 5:18). 성경이 말하는 술취함은 성령충만과 반대되는 개념으로써, 성도들이 헛된 세상에 취해 있는 상태, 즉 헛된 것에 중독되어 이성이 마비되고 혼미한 상태에 놓여있는 것을 의미하는 것입니다.

이런 의미에서 살펴보면, 마지막때가 되어갈수록 성도의 마음을 둔감케 하는 악한 세상의 전략은 더욱 분명해 집니다. 그것은 세상의 헛된 것에 마음을 뺏기고 중독되게 함으로써 우리가 예수님이 아닌 헛된 세상을 주목하게 하는 것입니다.

사랑하는 여러분, 다들 잘 아시겠지만 세상의 악한 지도자들이 백성들을 우매한 존재로 전락시키기 위해 만든 전략이 있습니다. 바로 3S를 퍼트리는 것입니다. 이것들은 바로 screen, sex, 그리고 sport입니다. 헛된 것에 온 마음이 빠져서 보다 가치 있는 삶을 바라보지 못하도록 유도하는 것입니다.

그렇습니다. 악한 세상은 성도들이 헛된 것에 마음을 쏟게 만듭니다. 가치 없는 것에 중독되게 합니다. TV중독, 인터넷중독, 스마트폰중독, 게임중독, 성중독, 일중독, 취미중독 등등. 이 외에도 헛된 것에 더욱 집중하여 결국 우리의 시선을 예수님의 재림에서 멀어지게 합니다.

제가 더 구체적인 사항을 설명하지 않아도 이러한 중독이 얼마나 심각한 것인지를 성도님들이 잘 아실 것입니다. 많은 경우 다른 사람이 아닌, 우리 가정과 우리 자신이 이러한 중독의 상태에 이미 노출되어 있는 것이 현실이기 때문입니다.

스마트폰 이용시간에 대한 한 통계를 예로 들자면, 2012년 한국 국민들의 평균 스마트폰 이용시간은 1시간 30분이었습니다. 그런데 2014년에는 평균 3시간 39분이 되었습니다. 그리고 중독된 청소년에 경우에는 2-3배 많은 시간을 스마트폰과 지내고 있습니다(KT경제경영연구소 제공).

물론 우리는 스마트폰에서 유익한 정보도 얻고 많은 일도 합니다. 그러나 정직히 고백할 때, 별의미없는 것을 위해 시간을 허비하고 있는 것 역시 부인할 수 없는 사실입니다. 이미 악한 세상이 주는 중독이라는 미끼에 물려 있는 상태인 것입니다.

예수님께 중독된 성도

우리가 중독되어야 할 것은 세상의 헛된 것이 아닙니다. 오직 예수님 한분입니다. '예수님을 생각하고 또 생각하는' 예수의 중독자들이 되어야 합니다. 요한복음 15장에 언급된 포도나무 비유처럼, 예수님과 온전한 연합의 상태를 이루어야 하는 것입니다.

> 나는 포도나무요 너희는 가지라 그가 내 안에, 내가 그 안에 거하면 사람이 열매를 많이 맺나니 나를 떠나서는 너희가 아무 것도 할 수 없음이라(요 15:5).

특별히 우리가 주목할 사실은, 우리가 성령으로 충만하게 되면 자연스럽게 예수님 한분께 중독된 예수의 사람이 된다는 것입니다. 성령의 충만을 덧입는 순간, 하늘의 위대한 권능을 받고 땅 끝까지 예수님을 증거하는 증인의 삶을 살아간다는 것이 성경의 가르침이기 때문입니다.

오직 성령이 너희에게 임하시면 너희가 권능을 받고 예루살렘과 온 유대와 사마리아와 땅 끝까지 이르러 내 증인이 되리라 하시니라(행 1:8).

때문에 악한 세상은 우리로 하여금 성령이 아닌, 헛된 세상에 취하는 존재가 되도록 끊임없이 유혹합니다. 세상이 주는 일시적인 쾌락에 중독되어 사명을 감당하지 못하는 존재로 전락시키는 것입니다.

이를 통해 예수님의 증인이 되지 못하게 할뿐 아니라 더 나아가 예수님의 재림을 감격으로 맞이할 수 없도록 만듭니다. 무능한 사명자로 인생을 마치게 합니다.

우리는 이러한 사단의 악한 전략을 깨달아야 합니다. 세상의 헛된 것에 취하는 삶을 미워하며, 이러한 삶에서 즉각적으로 돌이켜야 합니다.

그리고 더욱 성령의 충만함을 갈망하며 예수님 한분께 집중하는 삶을 살아야 합니다. 땅 끝까지 복음을 증거하는 사명을 감당해야 합니다. 이것이 예수님의 재림을 기쁨으로 준비하는 성도의 삶인 것입니다.

믿음에서 멀어지게 하는 생활의 염려

성도의 마음을 둔감케 하는 세 번째 세상의 전략은 생활의 염려입니다.

가만히 우리의 생활 여건을 돌아보면 우리는 지난날보다 더욱 윤택하고 편리한 생활을 하고 있습니다. 집도 번듯해지고 세련된 가전제품들도 많이 보유하고 있습니다. 자동차를 보유하지 않은 가정도 찾아보기 힘들고, 어떤 가정에서는 식구 수만큼 차량을 보유하고 있기도 합니다. 단순히 이전의 상태와 비교해 본다면 살만해진 것 같습니다.

그런데 우리의 실제적 생활 정도는 이상하게도 더욱 열악해졌다는 생각을 지울 수 없습니다. 많은 분들이 아무리 열심히 일해도 생활이 빠듯하다고 말합니다. 열심히 절약하고 저축해도 생활의 정도가 좀처럼 나아가지가 어렵습니다.

왜 우리의 경제적 생활이 이처럼 피폐해졌을까요? 우선적으로 우리의 지출 규모가 이전보다 더욱 커진 것이 주요 원인이 될 수 있습니다. 보다 좋은 집, 좋은 차, 좋은 교육을 누리다 보니 자연스럽게 더욱 많은 지출이 필요한 것입니다.

그러나 더욱 중요한 사실은 현대사회가 보다 많은 소비를 요구하는 구조로 바뀌게 된 것입니다. 우리가 지출해야 하는 공과금은 한 두 가지가 아닙니다. 세금의 종류도 많아지고, 금액 역시 증가하고 있습니다. 수입은 제한되어 있고 점차 줄어들고 있지만, 소비는 더욱 증가하는 사회에서 살고 있습니다.

그런데 이러한 현상은 비단 우리나라뿐 아니라 세계적인 현황입니다. 소수의 기득권층이 사회 전반 시설을 민영화로 흡수해서 서민들의 고통을 가중시키는 일이 점차 확대되고 있습니다. 악한 원수 마귀는 시간이 지날수록 우리가 누리고 있는 경제적 혜택을 빼앗고, 더욱 빈곤이 역사하는 사회로 이끌 것입니다.

이에 따라 세상 사람들을 비롯한 성도들은 앞날에 대한 염려와 고민이 가득해 지고, 이로 인해 마음이 둔감해져서 예수님께 집중하는 정도가 더욱 약해질 것입니다.

마귀의 세 가지 전략들을 파하는 예수님의 권면

예수님의 말씀과 같이 악한 사단은 세 가지 전략들을 통해 많은 성도들의 마음을 둔감하게 하고 있습니다.

마음이 상하는 일이 있거나, 몸이 조금만 아파도 예배 생활에 많은 지장을 받습니다. 그런데 방탕함과 술취함, 그리고 생활의 염려 등과 같은 삼중고(三重苦)로 성도들을 괴롭게 하니, 성도들의 마음이 더욱 둔감해 지는 것은 자연스러운 이치입니다.

그런데 감사한 사실은, 예수님께서 이를 극복할 수 있는 해결방안을 친히 제시해 주신 것입니다. 예수님은 누가복음 21장 36절에서 다음과 같이 말씀하십니다.

이러므로 너희는 장차 올 이 모든 일을 능히 피하고 인자 앞에 서도록 항상 기도하며 깨어 있으라 하시니라(눅 21:36).

사단의 공격으로 인해 마음이 둔감해지고 이로 인해 예수님의 재림을 덫으로 맞이하지 않는 예수님의 비결! 그것은 바로 항상 기도하며 깨어있는 것입니다. 항상 깨어 기도하는 것만이 성도를 잠들게 하는 세상의 전략을 파하는 성도의 무기인 것을 가르쳐 주신 것입니다.

기도! 시험을 이기는 유일한 대안

사단은 매우 교묘하고도 강력한 유혹으로 성도들을 넘어트립니다. 우리의 힘과 지혜로는 사단의 술수를 감당할 수가 없습니다. 때문에 위대한 신앙인 존 번연(John Bunyan)은 「존 번연의 기도 학교」(How to pray in the Spirit)란 책에서 "우리는 사단의 유혹에 빠지지 않도록, 시험에 들지 않도록 예수님께 도움을 청해야 합니다"라고 말했습니다(2006:158). "기도는 영혼의 방패요 사단을 향한 채찍질"이라는 그의 명언처럼, 사단의 전략은 오직 기도를 통해서만 무너지기 때문입니다.

이러한 사실은 예수님께서 십자가의 처형을 당하시기 전, 자신을 부인하게 될 제자들에게 하신 말씀에서 더욱 분명히 나타납니다.

예수님께서는 감람산에서 기도하시는 가운데 베드로와 야고보, 그리고 요한에게 다음과 같이 말씀하셨습니다.

시험에 들지 않게 깨어 기도하라(마 26:41).

결국 기도로 무장하신 예수님은 십자가에서 승리하시고, 기도하지 못한 제자들은 한결같이 예수님을 부인하고 말았습니다. 기도는 승리와 패배의 절대적인 기준인 것입니다.

예수님의 재림이 다가오는 마지막때가 되어 갈수 록 악한 마귀는 최선을 다해 성도들을 미혹하며 무너트립니다. 이제 시간이 지나면 지날수록 사단의 세 가지 방편들은 더욱 강력하게 역사할 것입니다. 강력한 쓰나미처럼 성도들에게 임할 것입니다.

그러나 우리가 기도로 깨어있으면, 이 모든 사단의 역사들을 능히 극복할 수 있습니다. 기도하는 자는 방탕함이 주는 고통에서 벗어나기 때문입니다. 기도하는 자는 주어진 상황에 대한 감사와 감격이 있습니다. 만족과 감격 속에서 헛된 것에 욕심을 부리지 않게 됩니다.

기도하는 자는 세상이 주는 일시적인 쾌락에 만족을 누리지 못합니다. 하늘의 평강과 참된 기쁨을 누리기에, 세상의 것에 중독되지 않고 성령에 중독된 예수님의 사람으로 살아갑니다.

기도하는 자는 세상의 염려와 불안에서 자유함을 누리게 됩니다. 까마귀를 먹이시고 백합화를 입히시는 하늘 아버지의 공급하심을 누리게 됩니다(마 6:25-32).

때문에 항상 깨어 기도하는 자만이 세상의 강력한 유혹과 시험들을 이기게 됩니다. 준비된 상태에서 기쁨으로 예수님의 재림을 맞이하게 되는 것입니다.

더욱 기도에 힘쓰라

안타까운 현실은 우리 주위에서 기도의 불이 점차 꺼져가고 있는 것입니다. 미국의 한인교회들은 점차 주중 예배가 사라지고 있습니다. 한국의 교회들도 이전의 뜨거운 기도운동들이 아련한 추억으로 상기되고 있는 듯합니다. 그러나 이러한 때일 수록 우리는 다음과 같은 히브리서 기자의 권면에 더욱 집중해야 합니다.

> 모이기를 폐하는 어떤 사람들의 습관과 같이 하지 말고 오직 권하여 그 날이 가까움을 볼수록 더욱 그리하자(히 10:25).

이처럼 우리는 마지막때가 되어 갈수록 더욱 모이기에 힘써야 합니다. 힘써 기도해야 합니다. 이것이 마지막때를 준비하는 성도의 자세입니다.

개인적으로는 크고 작은 일에 기도하는 습관을 가져야 합니다. 하루에 세 번씩 기도했던 하나님의 종 다니엘처럼, 기도로 하루의 시작을 열고 기도로 하루를 마감해야 합니다. 작은 일 하나에도 하나님께 기도하며 결정하는 습관을 가져야 합니다.

또한 가정에서는 기도로 하루를 마감하는 가정예배를 드리도록 노력해야 합니다. 짧은 시간이라 할지라도 모든 식구가 함께 기도로 하루를 마무리하는 거룩한 습관을 가지는 것이 중요합니다.

그리고 교회의 공예배와 기도 모임에 더욱 헌신해야 합니다. 주일 예배가 가장 풍성한 예배라고 말할 수 있지만, 안타깝게도 주일예배 가운데 기도에 집중하는 시간은 그리 많지 않습니다. 때문에 새벽기도회나 금요기도회와 같이 기도에 전념할 수 있는 기도모임에 참여할 수 있도록 노력해야 합니다.

사랑하는 여러분, 악한 세상은 오늘도 성도들을 잠들게 하기 위해 최선을 다하고 있습니다. 그러나 우리 모두는 더욱 깨어 기도함으로 예수님의 재림을 준비해야 합니다.

우리가 기도할 때 사단이 오히려 잠들게 되고, 우리 주위의 잠자던 영혼들은 눈을 뜨게 됩니다. 함께 영광의 왕으로 오실 예수님을 기쁨으로 맞이하게 됩니다.

이처럼 위대한 기도의 능력과 영광을 함께 누리지 않으시겠습니까? 예수님께서 다시 오실 그날까지…….

chapter 3

지혜로 헌신하여
재림의 영광을 누리라

충성되고 지혜 있는 종이 되어 주인에게 그 집 사람들을 맡아 때를 따라 양식을 나눠 줄 자가 누구냐 주인이 올 때에 그 종이 이렇게 하는 것을 보면 그 종이 복이 있으리로다 내가 진실로 너희에게 이르노니 주인이 그의 모든 소유를 그에게 맡기리라 만일 그 악한 종이 마음에 생각하기를 주인이 더디 오리라 하여 동료들을 때리며 술친구들과 더불어 먹고 마시게 되면 생각하지 않은 날 알지 못하는 시각에 그 종의 주인이 이르러 엄히 때리고 외식하는 자가 받는 벌에 처하리니 거기서 슬피 울며 이를 갈리라(마 24:45-51).

지혜로 헌신하여 재림의 영광을 누리라

지혜 없는 섬김의 슬픈 열매

오래전 전도사로 사역하면서 중고등부 학생들을 섬길 때였습니다. 고3 학생들이 수능 시험을 치렀는데, 이 중 한 여학생이 시험을 크게 망쳐서 슬퍼하고 있다는 이야기를 듣게 되었습니다.

특별히 이 학생은 하나님을 뜨겁게 사랑하는 친구였습니다. 예배만 드리고 학원으로 달려가는 다른 고3 학생들과는 달리 학생부 활동에도 최선을 다했던 참으로 귀한 영혼이었습니다. 이렇게 귀하고 아름다운 학생이 시험을 망쳤으니, 당사자도 그러했겠지만 저 역시 매우 마음이 아팠습니다.

이후 저는 슬퍼하는 학생을 만나서, 왜 시험을 망치게 되었는지를 물어보았습니다. 그리고 이때 저는 더욱 속상한 이야기를 듣게 되었습니다. 수능 전날 친척중의 한 분이 격려차 생선회를 사주셨는데, 이 회를 먹고 탈이 나게 되었다는 것입니다.

일반적으로 수능시험을 하루 앞둔 학생들은 몸과 마음이 매우 긴장된 상태에 있습니다. 때문에 평소와 다른 환경에 처하게 되면 예상하지 못한 변수가 생길 수 있습니다. 그래서 시험을 며칠 앞둔 시점에서는 특별한 것보다는 평범하고 안락한 일정을 보내는 것이 중요합니다.

안타깝게도 이 친척분은 이러한 사실을 전혀 이해하지 못하고 있었습니다. 나름대로 사랑하는 조카를 위해 식사대접이라는 아름다운 섬김을 했습니다. 그런데 이 섬김은 오히려 최악의 결과를 만들고 말았습니다. 지혜없는 섬김이 오히려 더 큰 해를 주게 된 것입니다.

세상과 다른 하나님의 지혜

지혜는 우리의 삶에 매우 중요한 요소입니다. 세상 사람들 역시 지혜 있는 자를 좋아합니다. 지혜있는 자는 주위의 사람들에게 남다른 유익을 주기 때문입니다.

그런데 세상이 생각하는 지혜와 성경이 말하는 지혜의 개념은 동일하지 않습니다. 먼저 세상이 생각하는 지혜의 사전적 의미는 다음과 같습니다.

> 사물의 이치나 상황을 제대로 깨닫고 그것에 현명하게 대처할 방도를 생각해 내는 정신의 능력(DAUM 사전).

한 마디로 본질을 깨닫고, 이에 가장 적합한 대처 방안을 생각해 내는 정신적 능력으로 보는 것입니다. 그런데 성경이 말하는 지혜는 세상의 것과 근본이 다릅니다. 성경이 말하는 지혜의 우선된 속성은 하나님의 하나님 되심을 인정하는 것입니다.

> 어리석고 지혜 없는 백성아 여호와께 이같이 보답하느냐 그는 네 아버지시요 너를 지으신 이가 아니시냐 그가 너를 만드시고 너를 세우셨도다(신 32:6).

또한 하나님을 경외함으로 악을 떠나고, 하나님의 말씀을 더욱 청종하며, 그 말씀대로 온전히 순종하는 것! 이것이 바로 성경이 말하는 지혜입니다.

스스로 지혜롭게 여기지 말지어다 여호와를 경외하며 악을 떠날지어다(잠 3:7).

그가 총독 서기오 바울과 함께 있으니 서기오 바울은 지혜 있는 사람이라 바나바와 사울을 불러 하나님의 말씀을 듣고자 하더라(행 13:7).

누구든지 나의 이 말을 듣고 행하는 자는 그 집을 반석 위에 지은 지혜로운 사람 같으리니(마 7:24).

따라서 성경은 하나님의 백성이라면 한결같이 지혜로 무장되어야 할 것을 강조합니다. 하나님의 백성은 하나님을 경외하는 마음으로, 하나님의 말씀을 청종하기 위해 노력하며, 더욱 그 말씀에 순종하는 삶을 살아가야하기 때문입니다.

종말의 때에 더욱 요구되는 지혜

하나님의 백성은 반드시 지혜로 무장되어야 합니다. 지혜로 무장된 성도만이 하나님께 기쁨이 되는 삶을 살아갈 수 있습니다. 그런데 마지막때, 즉 예수님의 재림의 때가 가까울수록 지혜는 더욱 중요한 요소가 됩니다. 성경은 지혜로 무장된 자만이 예수님의 재림을 기쁨으로 맞이할 수 있다고 말씀하시기 때문입니다.

이러한 사실은 다니엘 12장에 잘 나타나 있습니다. 다니엘 12장에는 두 천사가 다니엘에게 종말의 때 나타날 일들을 설명해 주는 이야기가 나옵니다. 그런데 다니엘이 이를 깨닫지 못하자, 한 천사가 다니엘에게 다음과 같은 말을 합니다.

> 그가 이르되 다니엘아 갈지어다 이 말은 마지막 때까지 간수하고 봉함할 것임이니라 많은 사람이 연단을 받아 스스로 정결하게 하며 희게 할 것이나 악한 사람은 악을 행하리니 악한 자는 아무것도 깨닫지 못하되 오직 지혜 있는 자는 깨달으리라(단 12:9-10).

앞의 천사의 말에서 우리는 중요한 교훈을 배우게 됩니다. 지혜 있는 자는 연단가운데 정결하게 되어 예수님의 재림을 준비하게 되지만, 악인은 아무것도 깨닫지 못하고 여전히 악을 행하는 삶을 살아간다는 것입니다.

이런 의미에서 우리는 마태복음 24장에서 예수님께서 언급하신 충성되고 지혜로운 청지기의 비유를 통해, 마지막때를 준비하는 성도들이 갖추어야 할 지혜로운 모습들을 잘 배워야 합니다.

예수님의 재림에 대한 긴장감

지혜로운 청지기는 무엇보다 생각하지 않은 때에 주인이 올 수 있다는 생각을 가지고 있었습니다.

앞에서 언급했듯, 지혜로운 자는 하나님의 말씀을 청종하는 자입니다. 마태복음 24-25장에서 예수님은 "주인이 생각지 않을 때에 올 것이기에 깨어 있어야 한다"라는 말씀을 세 번 반복하셨습니다.

그러므로 깨어 있으라 어느 날에 너희 주가 임할는지 너희가 알지 못함이니라(마 24:42).

이러므로 너희도 준비하고 있으라 생각하지 않은 때에 인자가 오리라(마 24:44).

그런즉 깨어 있으라 너희는 그 날과 그 때를 알지 못하느니라(마 25:13).

성경에서 세 번 반복된 것은 매우 큰 강조입니다. 예수님께서 힘주어 강조한 것입니다. 지혜로운 종은 이러한 주인의 명령을 늘 가슴에 품고 있었습니다. 언제든 주인이 돌아올 수 있을 것이라 생각하고, 주인을 맞이할 준비를 했습니다.

사랑하는 여러분, 우리 주위를 살펴보면 예수님의 재림의 때가 멀지 않았다는 것을 실감합니다. 수많은 전쟁과 기근의 소식들, 그리고 거짓 선지자들의 미혹이 만연합니다. 예수님의 재림의 날이 더욱 다가오고 있습니다.

그러나 엄밀한 의미에서 지혜 있는 자는 머지않아 예수님의 재림이 임할 것이라고 생각하지 않습니다. 가까운 미래가 아닌, 오늘 당장이라도 예수님의 재림이 있을 수 있다는 실제적인 긴장감을 가지고 있습니다.

역사적 종말과 더불어 개인적 종말을 염두에 두라

또한 지혜로운 자는 예수님의 재림이 임할 역사적 종말이 비록 훗날에 임할 지라도, 자신의 개인적 종말이 오늘이라도 임할 수 있다고 생각합니다. 오늘이라도 예수님이 오실 수 있다고 생각할 뿐 아니라, 자기 자신 역시 오늘이라도 예수님께 갈 수 있다고 생각하며, 언제나 예수님을 맞을 준비를 하고 있는 것입니다.

실지로 저는 제 눈앞에서 한순간 목숨을 잃는 사례들을 몇 차례 경험하였습니다. 한 번은 젊은 20대 청년들이 강 위에서 뱃놀이를 즐기고 있다가 갑자기 한 청년이 죽는 것을 목격했습니다. 노가 물에 빠지자 한 청년이 노를 잡으려고 강에 들어갔는데, 그 순간 강한 급류에 휩쓸려 다시 나오지 않은 것입니다.

이후 동료들은 생각지도 못한 친구의 죽음을 보며 망연자실하는 가운데 대성통곡을 하였습니다. 이 모든 관경을 지켜보고 있던 저 역시, 너무도 큰 혼란 속에서 한동안 정신을 차릴 수가 없었습니다. 그리고 '삶과 죽음은 한발자국 차이'라고 말했던 다윗의 고백이 뼈에 사무치게 되었습니다(삼상 20:3). 우리가 언제 예수님을 만나게 될지는 어느 누구도 알 수 없는 것입니다.

주인의 재림을 생각하지 않는 악인

반면에 지혜 없는 종은 주인의 말씀을 가슴에 품지 않았습니다. 오히려 주인이 늦게 오실 것이라는 그릇된 생각을 가졌습니다. 당연한 이야기이지만, 예수님의 재림을 준비하는 자세 역시 갖고 있지 않았습니다.

슬픈 이야기이지만, 이 시대의 성도님들은 지혜로운 종보다 지혜 없는 종의 마음을 품은 듯합니다. 주위를 둘러보면 다시 오실 예수님을 진심으로 갈망하고, 예수님의 재림을 준비하는 마음으로 신앙생활을 하시는 분들을 찾아보기가 좀처럼 쉽지 않은 것이 현실이기 때문입니다.

저는 얼마 전 한 영상을 보면서 이러한 현대교회의 모습을 더욱 실감하게 되었습니다. 이 영상은 몇 년 전 소천하신 데이빗 윌커슨(David Wilkerson) 목사님이 재림에 대해 말씀하시는 짧은 교훈을 담고 있었습니다. 그 중에서 특별히 저에게 깊은 고민을 하게 만든 말씀이 있었는데, 바로 다음과 같습니다.

이 세대는 과거 어느 세대보다 주님의 다시 오심에 대해 잘 모릅니다. 이 세대는 주님의 다시 오실 것을 전혀 기대하지 않습니다. 오늘날 미국과 전 세계에서 주님의 곧 오심을 거의 설교하지 않습니다.

현 시대에서 깨어있는 목사님들을 중심으로 예수님의 재림에 대한 메시지가 활발히 외쳐지고 있는 것이 사실이지만, 그럼에도 불구하고 저는 데이빗 윌커슨 목사님의 지적이 전적으로 옳다는 것을 부인할 수 없습니다.

사랑하는 여러분, 예수님께서는 재림의 긴급성을 인식하지 못하는 성도를 지혜 없는 악인이라고 정의하셨습니다. 우리는 이러한 예수님의 권면을 경시하면 안 됩니다. 오늘이라도 예수님께서 다시 오실 수 있다고 생각하고 예수님을 맞이할 준비를 해야 합니다. 이것이 지혜로운 종의 자세입니다.

맡겨진 영혼들을 소중히 여김

지혜 있는 종의 두 번째 자세는 맡겨진 영혼들을 최선으로 섬기는 것입니다.

예수님은 "충성되고 지혜 있는 종이 되어 주인에게 그 집 사람들을 맡아 때를 따라 양식을 나눠 줄 자가 누구냐?"라고 질문하시며, 이렇게 집안사람들에게 양식을 나눠주고 건강히 양육하는 자가 지혜로운 종이라고 말씀하셨습니다(마 24:45-46).

한 마디로 맡겨진 영혼들에 대한 책임감을 가지고, 최선으로 이들을 양육하는 자가 예수님의 재림을 기쁨으로 맞이하게 된다는 것을 말씀하신 것입니다.

먼저 이 말씀은 하나님의 말씀을 맡은 목회자에게 우선적으로 적용될 수 있습니다. 성경에서는 많은 경우 하나님의 말씀을 양식으로 비유하기 때문입니다. 때문에 목회자들은 때에 적절한 하나님의 말씀을 성도님들께 잘 공급하여, 더욱 건강하고 영향력 있는 하나님의 백성으로 양육해야 하는 의무와 책임이 있습니다.

그러나 이 말씀은 목회자뿐 아니라 예수님의 재림을 준비하는 모든 성도님들께도 동일하게 적용됩니다. 예수님은 모든 성도들에게 가정과 교회, 그리고 직장과 같은 삶의 현장에서 섬겨야 할 영혼들을 맡겨 주셨기 때문입니다. 이와 관련하여 앤드류 머레이(Andrew Murray) 목사님은 「나를 비우고 성령으로 채우라」(Andrew Murray on The Holy Sprit)라는 책에서 다음과 같은 귀한 교훈을 말했습니다.

> 우리 안에 계시는 그리스도께서 잃어버린 자들의 구원자이자 종이요, 사랑의 주님이시라는 사실을 잊어서는 안된다. 자신을 위해서가 아니라 다른 사람들을 위해 살다가 죽으신 사실이야말로 주님이 하나님의 아들이시라는 증거이자 영광이다(2011:53).

이처럼 지혜로운 종은 예수님의 마음으로 맡겨진 영혼들을 돌보는 삶을 살아갑니다. 우리가 이러한 봉사와 섬김의 삶을 살아가는 것이 예수님의 재림을 기쁨으로 맞이하는 것임을 예수님께서 가르쳐 주신 것입니다.

영혼을 학대하는 악인

반면에 예수님은 악인은 이러한 지혜가 전혀 없다고 말씀하셨습니다. 오히려 '동료들을 때리는 악행'을 저지르며 쾌락을 추구하는 삶을 살아간다는 것을 언급하셨습니다. 그리고 맡겨진 영혼을 전혀 돌보지 않고 자기 자신의 만족과 육체의 쾌락을 추구하는 자는 재림의 날에 큰 슬픔을 경험하게 될 것을 엄중히 경고하셨습니다.

> 만일 그 악한 종이 마음에 생각하기를 주인이 더디 오리라 하여 동료들을 때리며 술친구들과 더불어 먹고 마시게 되면 생각하지 않은 날 알지 못하는 시각에 그 종의 주인이 이르러 엄히 때리고 외식하는 자가 받는 벌에 처하리니 거기서 슬피 울며 이를 갈리라(마 24:48-51).

특별히 한글성경에는 언급되지 않았지만, 헬라어 원문에는 '동료들을 때리며' 바로 앞에 '아르케타이'(arketai)라는 단어가 있습니다. 이 단어의 뜻은 '처음이 되면'이라는 뜻입니다. 악인은 우두머리의 자리에 서게 되면, 자신의 지위를 이용하여 '동료들을 때리는' 횡포와 악행을 저지른다는 것입니다.

지혜로운 청지기처럼 겸손히 영혼을 섬기는 삶이 아닌, 자신의 지위를 이용하여 연약한 자를 더욱 억압하고 착취하는 삶! 이것이 예수님께서 말씀하신 악인의 삶입니다.

이러한 악인의 삶은 현대사회에서 더욱 쉽게 찾아 볼 수 있습니다. 얼마 전 미국에서 일어난 '땅콩회향사건'은 높은 지위에 있는 자가 자신의 권위를 이용하여 약자를 짓누르는 현대사회의 단면을 전적으로 보여 줍니다.

그런데 비단 이 사건뿐 아니라 우리의 삶속에서 지혜 없는 악인의 삶은 너무도 쉽게 목격됩니다. 세상에서뿐 아니라 가정과 교회에서도 주어진 직분을 이용하여 자신의 특권을 누리는 현장들을 쉽게 발견할 수 있기 때문입니다.

또한 육체의 만족과 쾌락을 추구하는 삶 역시 예수님께서는 동일한 악인의 삶으로 평가하십니다. 섬김과 헌신보다 자신의 만족과 쾌락을 추구하는 성도는 예수님의 재림을 기쁨으로 맞이할 수 없습니다.

반쪽 진리에 현혹되지 말라

예수님은 맡겨진 영혼을 최선으로 양육하는 자가 예수님의 재림을 준비하는 지혜로운 종이라고 말씀하셨습니다. 우리는 예수님의 말씀을 가슴 깊이 새겨야 합니다. 혼란이 더욱 가중

되는 이 시대 가운데 예수님의 말씀보다 자기 자신의 생각을 더욱 중시하는 그릇된 착오가 만연하기 때문입니다.

일부 신부운동을 하시는 분들 중에는, 예수님의 재림을 맞이하기 위해 성도는 더욱 거룩한 삶을 추구하며 예수님의 재림을 갈망해야 한다는 것을 강조합니다. 이러한 교훈은 매우 중요합니다. 예수님의 재림은 성도에게 혼인잔치와도 같기 때문입니다. 후에 자세히 다루겠지만 모든 성도들은 가장 아름답고 순결한 모습으로 예수님의 재림을 맞이해야 합니다.

그러나 거룩한 삶, 예수님의 재림을 갈망하는 것만으로 신부의 단장이 끝나는 것은 절대로 아닙니다. 이것이 중요한 것임에는 틀림이 없으나 결코 전부가 아닙니다. 엄밀한 의미에서 볼 때 신부의 꽃단장은 기본이라고 보는 것이 옳기 때문입니다.

지혜로운 청지기가 아침에 일어나서 목욕을 하고 단정한 옷을 입은 후에 하루의 일을 시작하는 것처럼, 신부들 역시 거룩하고 아름답게 단장을 한 후에는 예수님께서 사랑하시는 영혼들을 사랑과 충성으로 섬겨야 합니다.

주인의 재산을 정리하고, 각 개인에게 필요한 양식을 공급해주는 지혜로운 청지기처럼, 매일의 삶속에서 맡겨진 영혼을 섬기는 삶이 예수님의 재림을 준비하는 실제적인 삶인 것입니다.

이런 의미에서 맡겨진 영혼을 돌보지 않는 신부들은 예수님의 재림을 위해 아무리 꽃단장을 한다 할지라도 기쁨으로 예수님을 맞이할 수 없음을 힘주어 강조하고 싶습니다. 마태복음 25장에 언급된 양과 염소의 비유가 말해주는 것과 같이, 재림하신 예수님은 우리 주위의 영혼들을 어떻게 대했는지를 기준하여 의인과 악인을 나누실 것이기 때문입니다.

왼편에 있는 자들에게 이르시되 저주를 받은 자들아 나를 떠나 마귀와 그 사자들을 위하여 예비된 영원한 불에 들어가라 내가 주릴 때에 너희가 먹을 것을 주지 아니하였고 목마를 때에 마시게 하지 아니하였고 나그네 되었을 때에 영접하지 아니하였고 헐벗었을 때에 옷 입히지 아니하였고 병들었을 때와 옥에 갇혔을 때에 돌보지 아니하였느니라(마 25:41-43).

당연한 이야기이지만, 하나님께서 맡겨주신 영혼들에 대한 부담감을 갖지 않고, 충성과 지혜로 이들을 섬기지 않는 신부들은 자신의 쾌락을 추구하는 악인과 별반 다르지 않습니다. 우리는 이러한 예수님의 평가기준을 깊이 인식해야 합니다. 이것이 예수님의 재림을 준비하는 지혜로운 종의 자세인 것입니다.

하나님의 때를 따라 일하는 지혜

예수님께서 언급하신 지혜로운 종의 세 번째 자세는 때를 따라 일하는 삶입니다. 45절에서 지혜로운 종은 사람들에게 '때를 따라' 양식을 나누어 주었습니다. 그런데 이곳에 번역된 '때를 따라'의 원문은 '엔 카이로'(en kairo)입니다.

다들 잘 아시겠지만 시간을 의미하는 대표적인 두 가지 헬라어 단어는 '카이로스'(kairos)와 '크로노스'(chronos)입니다. 크로노스는 일상적인 시간입니다. 반면에 '카이로스'는 하나님의 때입니다. 하나님께서 특별한 계획과 목적을 가지고 섭리하시는 시간입니다.

그래서 예수님은 언제나 일하실 때 하나님의 때를 따라 일하셨습니다. 하나님의 계획과 목적을 깨닫고, 그 뜻에 순종하여 일하셨던 것입니다.

예수께서 이르시되 여자여 나와 무슨 상관이 있나이까 내 때가 아직 이르지 아니하였나이다(요 2:4).

너희는 명절에 올라가라 내 때가 아직 차지 못하였으니 나는 이 명절에 아직 올라가지 아니하노라(요 7:8).

이르시되 성안 아무에게 가서 이르되 선생님 말씀이 내 때가 가까이 왔으니 내 제자들과 함께 유월절을 네 집에서 지키겠다 하시더라 하라 하시니(마 26:18).

그런데 지혜로운 종 역시, 예수님과 같이 하나님의 때를 분별하고 하나님의 목적과 계획을 따라 일하는 지혜가 있었습니다. 뜨거운 여름날의 반가운 얼음냉수와 같이 주인의 마음에 시원함을 주는 그러한 삶을 살았습니다(잠 25:13).

영혼을 향한 하나님의 마음을 깨닫는 지혜

또한 지혜로운 청지기는 맡겨진 영혼들을 향한 하나님의 계획을 깨닫는 지혜가 있어야 합니다. 주인의 종들은 모두 동일한 일을 하는 획일적인 일꾼이 아닐 수 있기 때문입니다.

예수님께서 언급하신 주인은 가난한 자가 아닙니다. 매우 부유한 자이기에 많은 종들이 다양한 삶의 자리에서 일하고 있을 것이고, 갓난아이부터 노년에 이르기까지 연령층 역시 다양할 것입니다.

영혼을 맡은 청지기가 지혜롭게 일하기 위해서는 맡겨진 각 영혼들을 향한 주인의 계획과 목적을 파악해야 합니다. 그리고 이들이 건강한 상태를 유지할 수 있도록 좋은 양식을 제공해 주어야 할뿐 아니라, 각자의 사명을 감당할 수 있는 적절한 교육을 시켜 주어야 합니다.

저는 이러한 사실을 조촐한 화단을 가꾸며 절실히 깨닫게 되었습니다. 매스컴에서 유기농 야채가 좋다는 말을 듣고, 기왕이면 야채 값도 아끼고 좋은 채소도 먹을 겸해서 몇 종류의 묘목들과 화분을 구입했습니다. 그리고 이것들을 아파트 화단에서 키우기 시작했습니다.

저는 처음에 물만 주면 농사가 다 되는 줄로 생각했는데, 시간이 지나면서 각 야채마다 재배법이 모두 다르다는 것을 알게 되었습니다. 그래서 점차 종류별로 재배법을 따로 공부하고 이에 적절하게 하나하나 세심한 섬김을 하게 되었습니다.

간혹 저는 '몇 가지 식물을 기르는데 이처럼 많은 지식과 정성이 필요하다는 사실을 미리 알았더라면 결코 채소를 기르지 않았을 것'이라고 후회도 많이 했습니다.

그런데 언젠가부터 하루에 한 두 차례씩 채소를 가꾸는 일이 제법 흥겨워지기 시작했습니다. 이 묘목들이 예쁘게 자라나더니, 요즘엔 작고도 예쁜 열매들을 맺기 시작한 것이 그 이유입니다.

비록 열매가 많지는 않지만, 열심히 꽃을 피우고 열매를 맺어 주는 이 녀석들의⑦ 예쁜 모습 때문에 화분을 보는 재미가 제법 쏠쏠해졌습니다. 그런데 만일 각 묘목들을 향한 재배방법을 배우지 않았다면, 다시 말해 하나님의 창조질서를 깨닫지 못하고 세심한 정성으로 돌보지 않았다면 이러한 감격은 전혀 누리지 못했을 것이 분명합니다.

이처럼 맡겨진 영혼 각자를 향한 하나님의 계획과 섭리를 깨닫고, 이에 가장 아름답고 적합한 양육과 훈련을 행할 때 비로소 주인이 기뻐하시는 청지기의 삶을 살아가게 됩니다.

당연한 이야기이지만, 이와 같은 사역을 위해서는 지혜가 절대적으로 필요합니다. 단순한 사고를 가지고는 하나님께서 기뻐하시는 청지지가 될 수 없습니다.

하나님의 지혜를 더욱 갈망하라

지혜는 예수님의 재림을 준비하기 위한 절대적인 요소입니다. 마지막때에 대한 성경 말씀을 전체적으로 파악하고 또한 예수님의 다양한 권면들을 삶의 현장에서 종합적으로 실천하기 위해서는 지혜가 절대적으로 필요하기 때문입니다.

지혜가 없이는 하나님의 뜻을 깨달을 수도 없고, 실천할 수도 없습니다. 더 나아가 예수님의 재림을 준비할 수도 없습니다. 때문에 우리는 예수님의 재림이 다가올수록 야고보 사도의 권면처럼 더욱 하나님의 지혜를 사모하며 간구해야 합니다.

그 하나님의 지혜로 무장되시길, 이를 통해 이 악한 세상의 험준한 미로를 슬기롭게 헤쳐 나가는 영광을 누리시길 예수님의 이름으로 축원합니다.

너희 중에 누구든지 지혜가 부족하거든 모든 사람에게 후히 주시고 꾸짖지 아니하시는 하나님께 구하라 그리하면 주시리라(약 1:5).

지혜를 버리지 말라 그가 너를 보호하리라 그를 사랑하라
그가 너를 지키리라(잠 4:6).

chapter 4

진리로 무장되어
미혹을 물리치라

예수께서 감람 산 위에 앉으셨을 때에 제자들이 조용히 와서 이르되 우리에게 이르소서 어느 때에 이런 일이 있겠사오며 또 주의 임하심과 세상 끝에는 무슨 징조가 있사오리이까 예수께서 대답하여 이르시되 너희가 사람의 미혹을 받지 않도록 주의하라 많은 사람이 내 이름으로 와서 이르되 나는 그리스도라 하여 많은 사람을 미혹하리라(마 24:3-5).

진리로 무장되어 미혹을 물리치라

교회에서 만난 한 성도님께 너무도 기가 막힌 사역을 들은 적이 있습니다. 이분은 7년 전에 한국의 한 대기업 공장이 미국에 진출한다는 사실을 접하고, 그 지역 부동산을 매입하기 위해 700만불(약 80억)을 투자했다고 합니다. 그런데 이를 중개하는 변호사 그룹이 모든 금액을 가로채서 해외로 도주해 버렸다는 것입니다. 이로 인해 한 순간에 모든 재산을 잃어버리고 현재는 빈민층 생활을 하고 있다는 안타까운 사연이었습니다.

저는 이 이야기를 들으며 너무도 가슴이 아팠습니다. 상상할 수 없는 거액의 재산을 날린 것도 슬프지만, 당연히 믿고 신뢰해야 할 대상으로부터 배신당한 이 성도님의 상한 마음이 고스란히 전해졌기 때문입니다.

그럼에도 불구하고 감사한 사실은, 이 분이 오랫동안 낙심가운데 방탕한 생활을 하다가 2년 전 생명의 예수님을 구주로 영접한 것입니다. 그래서 제가 이 성도님께 다음과 같은 말로 위로해 드렸습니다.

"그래도 밑지는 장사는 아니었네요. 80억 주고 천국가는 티켓을 사셨잖아요."

간혹 이 성도님을 생각하면 아직도 마음 한편이 시큰해집니다. 그런데 이 분과는 비교도 할 수 없을 정도로 제게 큰 고통으로 다가오는 분들이 계십니다. 나름대로 믿음의 길을 걸어간다고 생각하지만, 사단의 미혹에 빠져 결국 영생을 잃어버리는 불쌍한 영혼들입니다.

미혹! 마지막때를 향한 예수님의 첫 권면

제자들이 예수님께 세상 끝날의 징조를 여쭈었을 때, 예수님께서 가장 먼저 대답하신 말씀이 있습니다. 바로 '많은 사람이 미혹을 받을 것이기에 미혹을 받지 않도록 주의하라'는 말씀이었습니다.

그런데 우리의 주목을 끄는 사실은 공관복음의 저자들인 마태, 마가, 누가가 이러한 예수님의 말씀을 동일하게 기록하고 있는 것입니다.

예수께서 대답하여 이르시되 너희가 사람의 미혹을 받지 않도록 주의하라 많은 사람이 내 이름으로 와서 이르되 나는 그리스도라 하여 많은 사람을 미혹하리라(마 24:4-5).

예수께서 이르시되 너희가 사람의 미혹을 받지 않도록 주의하라 많은 사람이 내 이름으로 와서 이르되 내가 그라 하여 많은 사람을 미혹하리라(막 13:5-6).

이르시되 미혹을 받지 않도록 주의하라 많은 사람이 내 이름으로 와서 이르되 내가 그라 하며 때가 가까이 왔다 하겠으나 그들을 따르지 말라(눅 21:8).

우리는 예수님께서 마지막때에 가장 먼저 미혹을 주의하라고 말씀하신 것과 성령님께서 공관복음 기자들을 통해 이 사실을 세 번이나 반복하신 것을 보며 한 가지 중요한 교훈을 배워야 합니다. 그것은 마지막때에 예수님의 말씀대로 많은 사람이 미혹을 받아 영생을 잃어버리게 된다는 사실입니다.

사단의 근본적인 무기인 미혹

예수님의 말씀대로 악한 사단은 무엇보다 미혹으로 영혼들을 넘어트리려 합니다. 거짓은 사단의 근원적인 정체성이기 때문입니다. 그래서 예수님은 사단에 대하여 다음과 같이 말씀하셨습니다.

> 그(사단)는 처음부터 살인한 자요 진리가 그 속에 없으므로 진리에 서지 못하고 거짓을 말할 때마다 제 것으로 말하나니 이는 그가 거짓말쟁이요 거짓의 아비가 되었음이라 (요 8:44).

예수님께서 말씀하신 것처럼 사단은 거짓의 아비입니다. 그 무엇보다 거짓말을 잘하기에, 자신의 가장 위대한 특기인 미혹으로 영혼들을 사냥하는 것입니다. 이러한 사단의 미혹은 이전에도 많은 성공을 거두었지만 마지막때에는 더욱 큰 열매를 맺을 것입니다. 안타까운 사실이지만, 영혼을 미혹하는 사단의 작전이 참으로 기가 막히기 때문입니다.

광명의 천사로 미혹하는 사단

먼저 영혼을 넘어트리는 사단의 작전은 광명의 천사로 위장하는 것입니다. 한마디로 더욱 진짜같이 행세하여 분별이 없는 영혼들을 낚아채는 것입니다.

저는 작년에 이러한 사단의 기가 막힌 전략을 보며 뒤로 넘어질 것 같은 충격을 받았습니다. 유투브(youtube) 영상에서 20세기 최고의 복음전도자로 여겨지던 빌리 그레이엄(Billy Graham)이 예수님의 유일한 구원자 되심을 부정하는 발언을 들은 것입니다.

빌리 그레이엄은 로버트 슐러(Robert Harold Schuller)와 대화하는 가운데 "'하나님의 자비의 넓으심'으로 인해 다양한 종교의 사람들과 불신자들이 모두 예수님 안에서 한 몸"이라고 말했습니다. 종교다원주의를 적극 지원하는 배도의 발언을 한 것입니다.

빌리 그레이엄이 처음부터 사단이 심어둔 하수인이었는지, 후에 사단에게 미혹되어 종교다원주의자가 되었는지 저는 알지 못하지만, 한 가지는 분명히 알게 되었습니다. 그것은 마지막때에 악한 사단은 뿔 달린 귀신이 아닌, 광명의 천사로 성도들에게 다가와 이들의 영혼을 낚아챈다는 사실입니다.

실지로, 저는 광명의 천사로 위장한 목회자에게 오랜 기간 양육을 받았던 한 성도님이 남긴 뼈아픈 고백을 전해들은 적이 있습니다. 그분은 저와 가까운 지인에게 다음과 같은 말을 했습니다.

"가짜는 진짜 복음을 외치고, 진짜는 물탄 복음을 외치는데 성도는 도대체 어디로 가야합니까?"

목회자의 한 사람으로써, 이 성도님의 절규가 가슴에 깊이 박혔습니다. 진리에 목마른 영혼에게 생수를 공급해 주지 못하는 저의 실체와 이 시대 교회의 연약함을 직면해야 했기 때문입니다.

그러나 이보다 더욱 고통스러운 것이 있습니다. 진짜 행세를 하고 있는 거짓 교사들에게 미혹되어 생명을 잃어가는 성도들이 더욱 늘어나고 있는 참혹한 현실입니다.

사랑하는 여러분, 진짜처럼 보인다고 무조건 다 믿으면 절대로 안 됩니다. 수많은 목회자들이 그렇게 존경하던 빌리 그레이엄 역시 사단의 하수인이었습니다.

이와 마찬가지로 우리가 지금 참된 하나님의 종이라고 믿고 있는 분들도 하나님의 종이 아닐 수 있습니다. 그 중에는 분명히 악한 사단이 숨겨둔 미혹의 종들이 있습니다.

이와 같은 악한 교사들은 처음엔 진실된 하나님의 사람으로 행세하며 순수한 진리를 전합니다. 그리고 이를 통해 성도들의 신뢰를 얻은 후에 조금씩 거짓 진리를 풀어 놓으며 성도들을 배도로 이끕니다.

경우에 따라서는 끝까지 진리를 외치며 성도들의 물질과 헌신을 이끌어 냅니다. 그런데 이 경우에도 성도들이 사단에게 이용당하는 것은 매 한가지입니다. 거짓 사역자들이 아무리 참된 진리를 외친다 할지라도, 하나님께서는 위장된 사역자들에게 성령의 기름부으심을 허락하지 않으시기 때문입니다.

분별이 없는 우리 입장에서는 매번 은혜와 도전이 되는 감격의 메시지를 계속적으로 듣지만 그럼에도 불구하고 우리의 영혼은 건강해지지 않습니다. 결국 영양가 없는 속빈 강정처럼 겉만 번지름한 감동적인 메시지에 취해, 소중한 시간과 물질을 착취당하게 됩니다.

때문에 우리는 고린도후서 11장에 언급된 사도 바울의 권면을 가슴에 새겨야 합니다.

그런 사람들은 거짓 사도요 속이는 일꾼이니 자기를 그리스도의 사도로 가장하는 자들이라 이것은 이상한 일이 아니니라 사탄도 자기를 광명의 천사로 가장하나니 그러므로 사탄의 일꾼들도 자기를 의의 일꾼으로 가장하는 것이 또한 대단한 일이 아니니라 그들의 마지막은 그 행위대로 되리라(고후 11:13-15).

사랑하는 여러분, 사도 바울이 말했던 것처럼 악한 교사들이 의의 일꾼으로 위장하는 것은 너무도 간단한 것입니다. 이들은 회개와 거룩, 그리고 순결한 신부의 삶을 힘주어 강조합니다. 더욱 진짜처럼 보입니다. 우리는 이러한 마귀의 전법을 직시해야 합니다. 그리고 마지막때가 되어 갈수록 하나님께 더욱 겸손히 선하고 진실된 목회자를 예비해 주실 것을 간구해야 합니다.

또한 만나는 목회자마다 성령님의 도우심을 간구하며 실체의 어떠함을 분별하기 위해 노력해야 합니다. 김창영 목사님이 「알곡과 가라지」란 책에서 언급한 것처럼, "참된 목자와 거짓 목자를 분별해 피하는 것은 그리스도인의 직무"이기 때문입니다(2015:109).

이것이 진짜로 위장된 사단의 미혹을 물리치고, 참되고 진실된 목회자의 양육을 받으며 예수님께서 기뻐하시는 신부로 준비될 수 있는 비결입니다.

거짓 교사를 분별하는 세 가지 방법들

그렇다면 우리는 위장된 거짓 교사들을 어떻게 분별할 수 있을까요? 아래의 방법들을 잘 숙지하시면 성도들의 영혼을 낚아채는 거짓 사역자들을 쉽게 분별하실 수 있습니다.

첫째, 거짓 사역자의 가르침을 받으면 두려움이 생깁니다.

거짓 사역자들은 나름대로 하나님의 말씀을 충실하고도 열정적으로 증거하기 위해 노력합니다. 그래서 이들의 메시지를 들으면 순간 많은 은혜와 도전을 받을 수 있습니다. 그런데 시간이 지날수록 두려움이 생깁니다. 아무리 좋은 메시지를 전해도 메신저(messenger) 자체가 거짓이기에, 결국 두려움의 열매가 맺히는 것입니다.

그러나 맨발의 전도자 최춘선 할아버지가 남기신 명언과 같이 "진리는 고독하나 날로 더욱 담대합니다." 참된 진리를 들으면 믿음이 생기고(롬 10:17), 믿음이 생기면 자연스럽게 담대해지는 것입니다.

결국 거짓 교사에게 미혹된 성도들은 아무리 꿀 같은 진리의 말씀으로 양육을 받아도 두려움의 종이 되고, 반대로 참된 목자의 양육을 받는 성도들은 마지막때에 더욱 담대한 하나님의 용사가 됩니다.

둘째, 거짓 사역자의 가르침을 받으면 점차 이기적인 성도가 됩니다.

하나님은 사랑이시지만 사단은 사랑이 전혀 없습니다. 지극히 이기적인 존재입니다. 사단의 종인 거짓 사역자 역시, 겉으로는 천사처럼 보이지만 이러한 이기적인 본성이 속에서 꿈틀거립니다. 그래서 주도면밀하게 성도들을 착취하여 자기 배를 채웁니다.

이같은 자들은 우리 주 그리스도를 섬기지 아니하고 다만 자기들의 배만 섬기나니 교활한 말과 아첨하는 말로 순진한 자들의 마음을 미혹하느니라(롬 16:18).

때문에 거짓 사역자의 가르침을 오래 받게 되면 자연스럽게 빈곤해집니다. 더욱 안타까운 사실은 자신도 모르게 이기적인 존재로 바뀌는 것입니다.

실제로 저는 신부운동을 하시는 분께서 '지금은 전도할 때가 아니라 자기 영혼을 잘 다듬을 때'라고 가르치는 것을 전해들은 적이 있습니다.

그런데 예수님은 이러한 가르침을 하신 적이 전혀 없으십니다. 「당신은 영적 군사입니까」란 책에서 김남준 목사님이 언급한 것 같이, '너희는 가서 만 천하에 복음을 전하라'는 가장 큰 명령을 주셨습니다(2014:172). 다른 말로 표현하면, 죽어가는 한 영혼을 끝까지 살리는 헌신적인 사랑의 삶을 살아갈 것을 말씀하신 것입니다.

또한 긍휼이 풍성하신 하나님께서도 한 영혼이라도 더 살리시기 위해 예수님의 재림의 때를 연기하고 계십니다.

> 주의 약속은 어떤 이들이 더디다고 생각하는 것 같이 더딘 것이 아니라 오직 주께서는 너희를 대하여 오래 참으사 아무도 멸망하지 아니하고 다 회개하기에 이르기를 원하시느니라(벧후 3:9).

우리는 이러한 사실을 명심하고, 진리를 수단삼아 이기적인 삶으로 이끄는 거짓 교사들을 더욱 경계해야 합니다.

셋째, 거짓 교사의 가르침에는 불편함이 있습니다.

거짓 교사들은 하나님께서 보내신 종들이 아닙니다. 악한 사단이 보낸 존재입니다. 때문에 이들에게는 필연적으로 자유함이 없습니다.

반면에 고린도후서 3장에 언급된 것과 같이 주의 영이 계신 곳에는 자유함이 있습니다(고후 3:17). 요한복음 8장을 통해 예수님께서 말씀하셨듯이, 진리는 우리에게 자유함을 줍니다 (요 8:32).

때문에 성도님들이 양육을 받으면서 불편함과 어색함이 있다고 여겨진다면, 위장된 거짓 목회자일 가능성이 높다는 생각을 하셔야 합니다.

진리를 알지니 진리가 너희를 자유롭게 하리라(요 8:32).

표적과 기사로 미혹하는 사단

악한 사단이 성도를 미혹하는 두 번째 방법은 표적과 기사로 성도를 현혹시키는 것입니다.

거짓 그리스도들과 거짓 선지자들이 일어나 큰 표적과 기사를 보여 할 수만 있으면 택하신 자들도 미혹하리라 (마 24:24).

성경에서 어렵지 않게 찾아 볼 수 있듯이, 악한 사단은 영적인 권세를 가지고 있습니다. 그 힘의 정도가 예수님께 비하면 지극히 작고 초라하여 언제나 예수님의 이름 앞에 벌벌 떱니다(막 3:11). 그러나 우리 인간에 견주어 보면 비교가 되지 않을 정도로 큰 권세를 지니고 있습니다.

특별히 마지막때에 사단은 자신의 때가 얼마 남지 않은 것을 알고, 더욱 몸부림치며 발악을 합니다(계 12:12). 그래서 이전보다 더욱 큰 표적과 기사를 드러내며 세상 사람들을 미혹합니다. 더 나아가 택한 자들까지 삼키려고 노력합니다. 때문에 모든 성도들은 말씀에 기초하지 않은 기적과 표적에 현혹되지 않도록 더욱 노력해야 합니다.

미혹으로 심판하시는 하나님

앞에서 성도를 미혹하는 사단의 치명적인 두 가지 전략을 소개해 드렸습니다. 그런데 우리가 이러한 사단의 전략을 파하기 위해 무엇보다 선행되어야 할 과제가 있습니다. 바로 하나님의 말씀, 즉 진리를 더욱 굳게 붙드는 것입니다. 엄밀한 의미에서 볼 때, 미혹은 진리를 믿지 않는 자들을 심판하시기 위한 하나님의 도구이기 때문입니다.

사도 바울은 이러한 사실을 다음과 같이 말합니다.

이러므로 하나님이 미혹의 역사를 그들에게 보내사 거짓 것을 믿게 하심은 진리를 믿지 않고 불의를 좋아하는 모든 자들로 하여금 심판을 받게 하려 하심이라(살후 2:11).

그렇습니다. 하나님은 진리를 믿지 않고 불의를 좋아하는 자들을 미혹으로 심판하십니다. 우리가 진리를 사랑하지 않으면, 불의한 삶에서 떠나지 않으면, 교묘한 사단의 미혹에 붙잡힐 가능성이 커집니다.

마지막때가 되어갈수록 미혹의 역사가 더욱 활발해 질 것이기에, 우리는 더욱 하나님의 말씀을 사랑하고 그 말씀으로 무장되어야 합니다.

예수님의 재림을 연기시키는 사단의 미혹

동시에 우리는 예수님의 재림을 연기시키는 사단의 미혹을 파하기 위해 더욱 하나님의 말씀으로 무장되어야 합니다.

저는 하나님께서 주신 부담감으로 말씀을 연구하면서, 너무도 큰 충격을 받았습니다. 악한 마귀가 예수님의 재림을 연기시키기 위해 매우 비상한 술책으로 성도를 속이고 있다는 사실을 깨닫게 된 것입니다.

메시아닉쥬의 대표적인 지도자 아셀 인트레이터(Asher Intrater) 목사님은 「마지막때, 성도는 어떻게 살아야 하는가」(How should believers live in the end times?)라는 책에서 사단이 몸서리 칠만큼 싫어하는 두 가지 사건을 소개합니다. 바로 예수님의 초림과 재림입니다(2012:151-153).

창세기 3장에서 살펴 볼 수 있듯이, 아담과 하와를 미혹하여 하나님을 반역하게 만든 사단은 이후 하나님의 심판의 예언을 듣습니다. 훗날 여자의 후손이 이 땅에 오셔서 뱀의 머리를 밟게 될 것이라는 하나님의 선언입니다.

> 여호와 하나님이 뱀에게 이르시되 네가 이렇게 하였으니 네가 모든 가축과 들의 모든 짐승보다 더욱 저주를 받아 배로 다니고 살아 있는 동안 흙을 먹을지니라 내가 너로 여자와 원수가 되게 하고 네 후손도 여자의 후손과 원수가 되게 하리니 여자의 후손은 네 머리를 상하게 할 것이요 너는 그의 발꿈치를 상하게 할 것이니라(창 3:14-15).

사단 입장에서 예수님의 초림은 자신의 권세가 무너지는 비상상태입니다. 그래서 예수님이 베들레헴에서 태어나셨을 때, 세상 권력자인 헤롯을 이용하여 이 땅에 오신 예수님을 죽이려고 노력했습니다(마 2:13-18).

그럼에도 불구하고 결국 예수님의 초림을 막지 못하고 예수님의 십자가의 죽음과 부활을 통해 머리가 박살난 사단은 이후 필사적으로 예수님의 재림을 막기 위해 노력하고 있습니다. 예수님께서 이 땅에 재림하시는 순간, 자신의 남은 권세가 완전히 박살나고 영원한 불 못에 던져질 것을 너무도 잘 알고 있기 때문입니다.

이러한 사단의 심정에 대해 인트레이터 목사님은 다음과 같이 실감나게 말해 줍니다.

사탄은 아기로 오신 예수님조차 그렇게 두려워했는데, 장차 하늘이 열리고 하늘의 군대와 함께 오실 예수님이 얼마나 더 무섭겠습니까? 더군다나 예수님은 사탄을 멸하시기 위해 오십니다. 사탄이 벌벌 떨 수밖에 없습니다(2012:153).

그래서 악한 사단은 예수님의 재림이 더욱 연기될 수 있도록 갖가지 교묘한 계략을 사용하고 있습니다. 그 중 하나가 예수님의 재림에 대한 말씀을 듣지 못하게 하는 것입니다.

외쳐지지 않는 재림의 메시지

이러한 사단의 전략은 현대교회를 완전히 사로잡은 듯합니다. 앞에서 언급한 데이빗 윌커슨 목사님의 지적과 같이 예수님의 재림을 강조하는 교회가 그리 많지 않기 때문입니다.

그러나 박아론 교수님이 「기독교 종말론」이란 책에서 말했던 것처럼, 예수님의 재림교리는 "기독교 신앙의 본질이요 핵심"입니다(2004:164). R. A. 토레이(Torrey) 목사님 역시 「당신을 위해 다시 오실 예수님」(Jesus is coming for you)이란 책에서 "재림의 진리는 성경이 포함하는 가장 귀중한 진리"라고 말했습니다(2008:16).

사단은 이처럼 매우 중요한 재림의 메시지가 성도들에게 들려지지 않도록 유도하여, 성도들이 예수님의 재림의 길을 예비하지 못하게 합니다. 이를 통해 자신의 때를 계속적으로 연기시키는 것입니다.

실지로 저는 이글을 쓰기 하루 전, 매우 신실한 사모님께 예수님의 재림이 환난전인지, 환난후인지에 대해 여쭈었습니다. 이때 저는 다음과 같은 충격적인 답변을 듣게 되었습니다.

"목사님, 갑자기 물어 보니까 정신이 하나도 없어요. 저 몰라요. 지난 20년 동안 재림에 대한 설교를 들어본 적이 없어요."

이 사모님은 매주 중보기도 모임에서 뜨겁게 기도하시는 귀한 영성을 지니신 분이었기에, 저는 더욱 큰 충격을 받았습니다.

물론, 예수님의 재림에 대한 메시지가 모든 교회에서 선포되지 않는 것은 결코 아닐 것입니다. 이 사모님 역시 20년 동안 단 한 번도 재림 설교를 들어본 적이 없다고 저는 생각하지 않습니다.

그러나 현대교회의 많은 성도님들이 예수님의 재림에 대해 큰 관심을 갖고 있지 않다는 것은 부인할 수 없는 현실입니다. 그리고 이러한 현상의 결정적인 원인은 자신의 기한을 계속 연장시키기 위한 사단의 주요 전략중 하나입니다.

모든 하나님의 백성들은 이처럼 예수님의 재림을 지연시키는 사단의 전략을 간파해야 합니다. 복음은 예수님께서 우리의 죄를 사하시기 위해 십자가에서 죽으시고 다시 살아나셨다는 것에 그치지 않습니다. 부활하신 예수님께서 이 땅에 심판주로 다시 오신다는 것까지 포함합니다.

그래서 심판주로 다시 오실 예수님께서도 모든 성도들에게 '늘 깨어 있으라' 끊임없이 명령하셨습니다. 바울, 베드로, 야고보, 유다, 그리고 요한에 이르기까지 수많은 사도들 역시 복음을 증거 할 때마다 다시 오실 예수님을 힘주어 강조했습니다.

보라 내가 너희에게 비밀을 말하노니 우리가 다 잠 잘 것이 아니요 마지막 나팔에 순식간에 홀연히 다 변화되리니 나팔 소리가 나매 죽은 자들이 썩지 아니할 것으로 다시 살아나고 우리도 변화되리라(고전 15:51-52).

너희도 길이 참고 마음을 굳건하게 하라 주의 강림이 가까우니라(약 5:8).

주의 날이 도둑 같이 오리니 그 날에는 하늘이 큰 소리로 떠나가고 물질이 뜨거운 불에 풀어지고 땅과 그 중에 있는 모든 일이 드러나리로다(벧후 3:10-13).

아이들아 지금은 마지막 때라 적그리스도가 오리라는 말을 너희가 들은 것과 같이 지금도 많은 적그리스도가 일어났으니 그러므로 우리가 마지막 때인 줄 아노라(요1 2:18).

아담의 칠대 손 에녹이 이 사람들에 대하여도 예언하여 이르되 보라 주께서 그 수만의 거룩한 자와 함께 임하셨나니 이는 뭇 사람을 심판하사 모든 경건하지 않은 자가 경건하지 않게 행한 모든 경건하지 않은 일과 또 경건하지 않은 죄인들이 주를 거슬러 한 모든 완악한 말로 말미암아 그들을 정죄하려 하심이라 하였느니라(유 1:14-15).

우리는 이러한 성경의 강조점을 명심해야 합니다. 예수님의 재림을 갈망하고 예수님의 재림이 더욱 속히 임하시기 위해, 우리에게 주어진 사명에 최선을 다해야 합니다. 이것이 마지막때에 성도를 미혹하는 사단의 전략을 파하는 길입니다.

하나님의 말씀으로 더욱 무장하라

말씀으로 무장되지 않은 성도는 사단의 공격을 효과적으로 방어하기 어렵습니다. 우리는 더욱 하나님의 말씀으로 무장되어 사단의 교묘한 미혹들을 물리쳐야 합니다.

때문에 마지막때를 살아가는 모든 성도님들은 이전의 세대보다 더욱 하나님의 말씀에 정통해야 합니다. 하나님의 구속계획과 마지막때를 향한 구체적인 계획들을 말씀을 통해 파악하고 있어야 합니다. 이때 비로소 더욱 역사하는 사단의 미혹을 물리치고, 또한 예수님의 재림을 준비하는 성도의 삶을 살아갈 수 있습니다.

이를 위해 다음과 같은 실제적인 교훈 두 가지를 언급해 드리고 싶습니다.

첫째는, 이전보다 더욱 하나님의 말씀을 읽고 묵상하는 일에 헌신하는 것입니다.

마지막때에 악한 사단은 성도들이 말씀으로 무장되지 못하도록 방해합니다. 쓸데없는 하찮은 것에 마음을 빼앗기도록 하여 결국 가장 중요한 하나님의 말씀으로부터 성도들을 차단시킵니다. 다른 말로 표현하자면, 말씀으로 무장하지 못하여 하여 결국 미혹으로 유도하는 것입니다.

우리는 이러한 사단의 작전에 휘말리면 안 됩니다. 마지막때가 되어 갈수록 더욱 하나님의 말씀에 집중해야 합니다. 경건서적 역시 꼭 필요한 필수도서만 읽고, 성경을 더욱 열심히 읽어야 합니다.

마지막때와 관련된 말씀에 더욱 정통하라

둘째로, 특별히 마지막때와 관련된 성경말씀에 정통할 수 있도록 많은 관심과 연구를 기울여야 합니다.

하나님은 마지막때를 살아가는 성도들이 예수님의 재림을 잘 준비할 수 있도록 실제적인 교훈점들을 모두 언급해 주셨습니다. 미리 예언해 주신 성경말씀을 섬세히 살피고 이에 순종하는 삶을 살아가면, 우리 모두는 마지막때를 기쁨으로 맞이할 수 있습니다. 우리는 이러한 하나님의 배려하심에 감사를 드리고 마지막때와 관련된 성경 말씀에 정통하기 위해 노력해야 합니다.

이를 위한 구체적인 연구 방법을 집짓는 비유로 설명을 드리면 다음과 같습니다.

먼저 성경 66권에 흐르는 하나님의 구속사를 집의 기초로 삼아야 합니다.

성경 전체에 흐르는 하나님의 창조와 인간의 타락, 예수님을 통한 구속의 완성과 오순절 성경강림으로 인한 복음의 확장, 그리고 예수님의 재림으로 인해 완성될 하나님의 나라에 대한 개념이 기초가 되어야 하는 것입니다.

이후에 복음서에 나타난 종말에 대한 예수님의 말씀을 집의 기둥으로 삼아야 합니다. 특별히 성도님들이 이와 관련하여 많은 실수를 범하기 쉽습니다. 인터넷에서 흔히 접하는 설교와 자신의 개인적인 소망(?)을 가지고 재림의 개념을 정리하는 것입니다. 이런 분들은 마지막때에 낭패를 보기 쉽습니다.

우리가 인터넷에서 쉽게 접하는 종말론 중에서는 비성경적인 내용들이 매우 많습니다. 또한 마지막때에 고난을 당하고 싶지 않다는 개인적인 소망의 안경을 가지고 성경을 보면, 마지막때를 향한 예수님의 권면을 제대로 들을 수가 없습니다.

오차원전면교육으로 국내외 교육인들을 지도하시는 원동연

박사님은 "사람은 보고 싶은 것을 보고, 듣고 싶은 것을 듣는다"라고 말했습니다. 원동연 박사님의 가르침처럼, 자기가 보고 싶은 것이 더 잘 보이기 때문에 종말에 대한 예수님의 가르침을 제대로 볼 수도, 들을 수도 없는 것입니다.

그러나 종말과 관련된 가장 중요한 정보는 설교도 아니고, 우리의 소망도 아닙니다. 심판주로 다시 오실 예수님의 직접적인 말씀입니다. 하나님 자신이신 예수님, 심판주 자신이신 예수님의 권면이 가장 중요합니다.

때문에 복음서에 나타난 종말과 관련된 예수님의 말씀을 읽고 또 읽어야 합니다. 예수님의 말씀이 종말론의 중심 기둥이 되어야 합니다.

복음서에 나타난 예수님의 종말 메시지
마 10:16-23, 24-25, 28:18-20, 막 13, 눅 12:35-48, 17:20-37, 21:5-38, 요 14.

다음으로는 성경 전체에 언급된 종말에 대한 말씀들을 관심 있게 주목하고, 이것들이 주는 각각의 교훈들을 잘 파악하는 것입니다. 이것은 마치 집에 기둥을 세운 후 벽돌을 쌓아 올리는 것과 같습니다.

성도님들의 편의를 위해 구약과 신약에 언급된 대표적인 종말의 말씀들을 아래에 제시했습니다. 이것들을 중심으로 종말의 교훈들을 잘 익히셔서, 성경적인 종말론을 체계적으로 정리하시면 매우 유익할 것입니다.

구약

사 13,66, 겔 37-38, 단 7,9,12, 욜 2, 습 1,3, 슥 13-14, 말 4 등등(안토니 A. 후크마의 「개혁주의 종말론」 참고).

신약

행 1:6-11, 롬 2:4-8,16, 8:18-25, 고전 1:4-8, 10:1-11, 15:22-26, 살전 1:8-10, 3:11-13, 4:13-1, 5:1-11, 살후 1-2, 딤전 4:1-5, 6:11-16, 딤후 3:1-5, 4:1-8, 딛 2:1-14, 히 9:23-28, 10:19-39, 약 5:7-11, 벧전 1:13-25, 4:7-19, 벧후 3, 요1 2:18-29, 유 1:14-21, 계 1-22 등등(R. C. 스프라울의 「예수님께서 말씀하신 종말」 참고).

그 다음으로는 아가서로 집의 창을 내어야 합니다. 아가서는 신랑되신 예수님과 신부인 성도들의 사랑이야기입니다. 아가서를 통해 예수님과의 친밀한 사랑의 관계를 더욱 증진시켜야 합니다.

마지막으로 두 팔 벌려 다시 오실 예수님을 간절히 사모하는 마음으로 집의 지붕을 덮어야 합니다. 성경지식으로 무장된 것이 예수님의 재림 준비를 완성하는 것은 결코 아닙니다. 재림을 간절히 사모하는 마음이 마지막때를 말씀으로 준비하는 최종 완결인 것입니다.

이렇게 마지막때와 관련된 하나님의 말씀을 연구하는 과정은 처음엔 어려울 수 있습니다. 그러나 진리의 성령님께서 진리를 갈망하는 모든 성도님들을 친히 가르치시고 깨우쳐 주실 것입니다(요 14:26). 점차 종말에 대한 계시가 밝아지고 넓어져서, 말씀위에 더욱 견고하게 세워질 것입니다. 더욱 예수님의 재림을 예비하는 귀한 하나님의 일꾼으로 성장할 것입니다.

사랑하는 여러분, 악한 사단은 마지막때에 자신의 주무기인 미혹으로 수많은 성도들을 배도로 이끌 것입니다. 우리는 이러한 예수님의 경고의 말씀을 명심하고 더욱 진리로 무장되어야 합니다.

이것이 거짓 신랑을 자처하는 사단의 유혹을 물리치고 유일한 신랑되신 예수님을 기쁨으로 맞이하는 비결입니다.

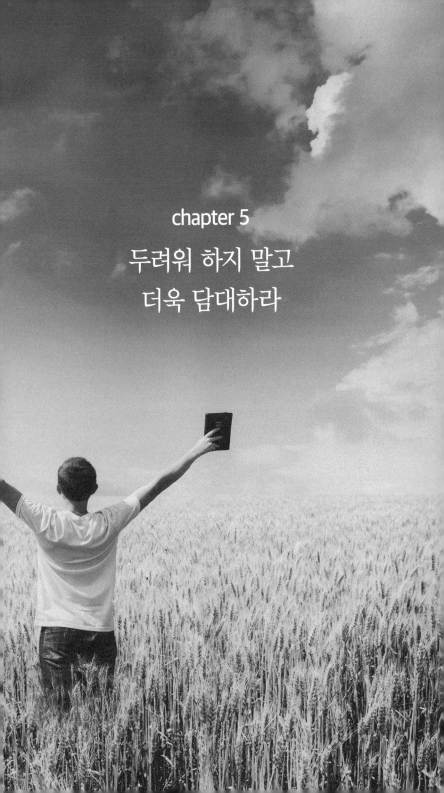

chapter 5

두려워 하지 말고
더욱 담대하라

형제들아 우리가 너희에게 구하는 것은 우리 주 예수 그리스도의 강림하심과 우리가 그 앞에 모임에 관하여 영으로나 또는 말로나 또는 우리에게서 받았다 하는 편지로나 주의 날이 이르렀다고 해서 쉽게 마음이 흔들리거나 두려워하거나 하지 말아야 한다는 것이라(살후 2:1-12).

두려워하지 말고 더욱 담대하라

무서워 죽겠어요!

이전에 열방과 선교사님을 위해 기도하는 모임에 반년 정도 동참한 적이 있었습니다. 하나님의 나라를 가슴에 품은 헌신자들이 매우 뜨겁게 기도하기에, 때마다 많은 도전과 은혜를 받았습니다.

그리고 얼마 지나지 않아, 이 모임에 함께 참석하시는 여성 사역자분과 종말에 대한 이야기를 나누게 되었습니다. 오랫동안 귀한 모임을 섬기신 분인지라 내심 많은 교훈을 받을 것을 생각하였습니다. 그래서 제가 이 분께 다음과 같은 질문을 하였습니다.

"지금 마지막때가 성큼 성큼 다가오고 있는 것 같은데, 어떤 생각이 드세요?"

그런데 이 질문을 들은 여성 사역자분은 금세 얼굴이 파래지면서 즉각적으로 다음과 같이 대답했습니다.

"목사님, 생각만 해도 무서워 죽겠어요. 정말 너무 무서워요!"

저는 이 분의 대답을 들으며 순간 정신이 혼미해졌습니다. 이러한 반응은 제가 도저히 예상하지 못했던 것이기 때문입니다. 그리고 잠시 후 한 가지 명백한 교훈을 얻게 되었습니다.

그것은 '생각보다 많은 성도님들이 마지막때를 심히 두려워하겠구나!' 하는 것이었습니다.

그런데 참으로 신기한 사실은, 오래전 우리의 연약함을 알고 계신 예수님께서 마지막때와 관련하여 다음과 같은 말씀을 남기신 것입니다.

난리와 난리 소문을 듣겠으나 너희는 삼가 두려워하지 말라 이런 일이 있어야 하되 아직 끝은 아니니라(마 24:6).

난리와 난리의 소문을 들을 때에 두려워하지 말라 이런 일이 있어야 하되 아직 끝은 아니니라(막 13:7).

마지막 때를 두려워하지 말라

저를 비롯한 모든 성도님들은 마지막때에 심히 두려운 마음이 들 수 있습니다. 역설적인 표현이지만, 예수님께서 두려워하지 말라고 명령하신 것 자체가 훗날 수많은 성도들이 심히 두려워할 것을 알고 계신 것이기 때문입니다.

사도 바울이 개척한 데살로니가교회 성도들 역시 예수님의 재림을 생각할 때, 심히 두렵고 떨리는 마음이 들었습니다.

형제들아 우리가 너희에게 구하는 것은 우리 주 예수 그리스도의 강림하심과 우리가 그 앞에 모임에 관하여 영으로나 또는 말로나 또는 우리에게서 받았다 하는 편지로나 주의 날이 이르렀다고 해서 쉽게 마음이 흔들리거나 두려워하거나 하지 말아야 한다는 것이라(살후 2:1-2).

데살로니가교회는 사도 바울에게 고작 3주의 교육을 받고 세워진 교회이지만, 근방 지역에 소문이 날 정도로 아름다운 신앙을 지닌 교회였습니다. 수많은 고난과 핍박 중에서도 믿음의 길을 걸어가는 순결한 교회였습니다(살전 1:4-8).

그런데 고난과 핍박 중에서도 믿음을 지키는 고귀한 성도들조차 마지막때를 생각하며 두려워했는데, 박해를 경험하지 못한 많은 성도들이 훗날 두려움을 느끼는 것은 어쩌면 자연스러운 모습일지도 모릅니다.

그럼에도 불구하고 우리는 마지막때를 두려워하지 말라는 예수님의 명령에 순종해야 합니다. 예수님은 마태복음 24장 6절에서 '이런 일이 있어야 하되 아직 끝이 아니니라'라고 말씀하셨는데, 이러한 예수님의 말씀은 장차 성도가 직면하게 될 극한 어려운 환경들을 예상하게 해주기 때문입니다.

실지로 예수님은 바로 다음과 같은 말씀을 덧붙이셨습니다.

민족이 민족을, 나라가 나라를 대적하여 일어나겠고 곳곳에 기근과 지진이 있으리니 이 모든 것은 재난의 시작이니라 그 때에 사람들이 너희를 환난에 넘겨 주겠으며 너희를 죽이리니 너희가 내 이름 때문에 모든 민족에게 미움을 받으리라 그 때에 많은 사람이 실족하게 되어 서로 잡아 주고 서로 미워하겠으며 거짓 선지자가 많이 일어나 많은 사람을 미혹하겠으며 불법이 성하므로 많은 사람의 사랑이 식어지리라 그러나 끝까지 견디는 자는 구원을 얻으리라 (마 24:13).

그렇습니다. 예수님께서는 하나님의 백성들이 마지막때에 신앙으로 인해 미움을 당하고, 사로잡히며, 때로는 죽임을 당하게 된다는 사실을 친히 언급하셨습니다. 때문에 담대함이 없으면 이러한 고난을 감당해 내지 못할 것을 아시고, 우리에게 두려워하지 말고 담대할 것을 먼저 말씀하신 것입니다.

고난 없는 종말(?)

성도가 마지막때에 고난을 받는다는 저의 말에 어떤 분은 '성도는 고난을 받지 않고 휴거를 당하는데요?'라고 반문하실 분도 계실 것입니다. 이와 같은 종말론을 지니신 분들이 적지 않기 때문입니다.

그런데 이와 같이 순결한 신부들이 환난 전에 먼저 휴거를 당하고 이후 대환난이 시작된다는 종말론은 성경의 가르침에 위반되는 세대주의 종말론입니다.

세대주의를 간단히 설명하자면, 하나님께서 은혜를 주시는 방편이 각 시대마다 다르다고 생각하는 신학적 입장입니다. 우리는 세대주의 신학을 통해 배울 수 있는 교훈도 많지만, 동의할 수 없는 내용 역시 많이 있습니다.

그런데 우리가 어릴 적에 두렵고 떨리는 마음으로 보았던 휴거에 대한 영화나 소설들은 이러한 세대주의 종말론을 기초로 하여 제작된 것들이 많습니다. 때문에 우리 자신도 모르게 비성경적인 종말론 사상에 젖어 있는 것입니다.

실지로 저는 이 책을 쓰기위해 자료를 검토하는 중, 세대주의 종말론을 주장하는 분들의 서적들을 직접 읽어 보았습니다. 그리고 이들이 주로 다음과 같은 두 가지 이유에서 환난 전 휴거를 주장하는 것을 알게 되었습니다.

첫째는 하나님의 백성들을 시기별로 구분하는 것입니다. 환난 전 휴거를 주장하며 성도들이 대환난을 겪지 않을 것이라고 주장하는 윤성목 목사님은 「교회는 대환난을 통과하는가?」라는 책을 통해 다음과 같은 말을 합니다.

> 많은 이들이 '성도'란 말만 나오면 다 신약의 교회 성도들인 줄로 압니다. 구약 성도, 신약 성도, 환란 성도를 구분하지 못합니다. 신약 성도들은 "마귀를 대적하라. 그리하면 그가 너희에게서 도망하리라"는 승리의 약속을 받았습니다(약 4:7). 우리는 그리스도의 군사들로서 마귀를 이깁니다……. 대환난 때의 성도들은 마귀를 싸워 대적하는 것이 아니라 마귀를 피해 피하고 숨고 도망을 갑니다……. 이 둘은 전혀 대상이 다르고 세대가 다릅니다. 교회는 마귀를 이기며 살다 대환난전에 들림을 받습니다(2015:12-13).

이처럼 세대주의 자들은 하나님의 백성들을 구약 교회, 신약 교회, 환난 교회로 나눕니다. 그래서 우리는 신약 교회이기 때문에 대환난을 절대로 겪지 않을 것이라고 주장합니다.

둘째로, 재림에 대한 성경의 여러 언급들을 보며 예수님의 재림을 두 가지 사건으로 오해하는 것입니다.

먼저 이들은 예수님께서 제자들에게 "때와 시는 오직 하나님만이 아신다"라고 말씀하신 것을 아무도 모르게 불시에 임하는 예수님의 휴거라고 생각합니다(마 24:36). 그리고 다니엘 12장과 데살로니가후서 2장에 언급된 것처럼 배교와 적그리스도 등장 이후에 예수님께서 이 땅에 오시는 것을 재림으로 생각합니다.

그래서 신약 교회들은 언제 임할지 모르는 예수님의 휴거를 준비해야 하고, 휴거 이후에 박해를 당하는 환난 교회는 순차적으로 나타나는 재림의 징조들을 통해 예수님의 재림을 준비해야 한다고 주장하는 것입니다.

척 스미스(Chuck Smith) 목사님은 이러한 내용을 「대환난과 교회」(The Tribulation & The Church)라는 책에서 다음과 같이 말합니다.

교회가 대환난을 통과해야만 할 것이라고 주장하는 것은 그 자체로 예수 그리스도의 재림이 가지는 임박성을 부인하는 것이나 마찬가지이다……. 그 날과 그 때는 아무도 모른다고 성경은 말한다. 이때는 예수님께서 이 세상을 다스리기 위해 다시 오시는 때를 말하는 것이 아니다. 그럴 수가 없는 것이 그 때는 다니엘서에 정확한 날짜까지 예언되어 있기 때문이다. 그 날과 그 때는 아무도 모른다고 한 것은 예수님께서 교회를 불러가기 위해 오실 때를 가리켜 하신 말씀이다(1999:54-55).

앞의 두 견해들을 생각 없이 들으면 나름대로 타당해 보이기도 합니다. 그러나 말씀에 기초하여 생각하면 금세 문제점이 발견됩니다.

먼저 하나님께서는 하나님의 백성들을 구약 성도, 신약 성도, 환난 성도로 구분하신 적이 없습니다.

아브라함 때에도, 모세가 시내산에서 율법을 받은 후에도, 그리고 예수님이 오신 신약의 때를 비롯한 모든 세대의 모든 성도들은 '오직 예수님의 십자가의 보혈을 믿음으로' 하나님의 백성이 된다는 것이 성경의 가르침이기 때문입니다. 성도를 신약 성도와 환난 성도로 구분해서 신약 성도는 대환난에서 제외된다고 말하는 것 자체가 비성경적 발상입니다.

또한 척 스미스 목사님의 견해 역시 그릇된 주장입니다. 왜냐하면 마태복음 24장 42절에서 예수님께서 "그러므로 깨어 있으라. 어느 날에 너희 주가 임할는지 너희가 알지 못함이니라"라고 말씀하시기 전에, 이미 모든 재림의 징조들을 제자들에게 상세히 말씀해 주셨기 때문입니다.

이때에도 예수님은 재림 직전에 요동치는 자연 재해와 성도들이 수많은 고난과 핍박, 더 나아가 순교를 당하게 될 것을 알려주셨습니다. 또한 복음이 열방에 증거 되어야 할 것과 멸망의 가증한 것, 즉 적그리스도가 설 것까지 너무도 구체적으로 모두 언급해 주셨습니다(마 24:3-16).

따라서 세대주의자들이 말하는 것처럼 신약 성도는 은밀히 임하는 휴거를 준비하고, 환난 성도는 핍박 가운데 재림을 준비해야 한다는 것은 결코 성경의 가르침이 아닙니다.

> 예수께서 감람 산 위에 앉으셨을 때에 제자들이 조용히 와서 이르되 우리에게 이르소서 어느 때에 이런 일이 있겠사오며 또 주의 임하심과 세상 끝에는 무슨 징조가 있사오리이까 예수께서 대답하여 이르시되 너희가 사람의 미혹을 받지 않도록 주의하라 많은 사람이 내 이름으로 와서 이르되 나는 그리스도라 하여 많은 사람을 미혹하리라 난리와 난리 소문을 듣겠으나 너희는 삼가 두려워하지 말라 이런 일이 있어야 하되 아직 끝은 아니니라 민족이 민족을, 나라가 나라를 대적하여 일어나겠고 곳곳에 기근과 지진이 있으리니 이 모든 것은 재난의 시작이니라 그

때에 사람들이 너희를 환난에 넘겨 주겠으며 너희를 죽이리니 너희가 내 이름 때문에 모든 민족에게 미움을 받으리라 그 때에 많은 사람이 실족하게 되어 서로 잡아 주고 서로 미워하겠으며 거짓 선지자가 많이 일어나 많은 사람을 미혹하겠으며 불법이 성하므로 많은 사람의 사랑이 식어지리라 그러나 끝까지 견디는 자는 구원을 얻으리라 이 천국 복음이 모든 민족에게 증언되기 위하여 온 세상에 전파되리니 그제야 끝이 오리라 그러므로 너희가 선지자 다니엘이 말한 바 멸망의 가증한 것이 거룩한 곳에 선 것을 보거든 (읽는 자는 깨달을진저) 그 때에 유대에 있는 자들은 산으로 도망할지어다(마 24:3-16).

더욱 중요한 사실은, 성경 자체가 예수님의 재림을 단회적인 사건으로 기록하고 있는 것입니다.

예수님께서도 자신의 재림으로 인해 의인과 악인을 나누는 종말적 심판이 있을 것을 선언하셨습니다.

인자가 자기 영광으로 모든 천사와 함께 올 때에 자기 영광의 보좌에 앉으리니 모든 민족을 그 앞에 모으고 각각 구분하기를 목자가 양과 염소를 구분하는 것 같이 하여 양은 그 오른편에 염소는 왼편에 두리라(마 25:31-33).

베드로 역시 예수님의 재림은 새 하늘과 새 땅을 창조하시기 위해 현재의 자연계를 불태우시는 종말의 사건으로 기록하였습니다.

> 그러나 주의 날이 도둑 같이 오리니 그 날에는 하늘이 큰 소리로 떠나가고 물질이 뜨거운 불에 풀어지고 땅과 그 중에 있는 모든 일이 드러나리로다 이 모든 것이 이렇게 풀어지리니 너희가 어떠한 사람이 되어야 마땅하냐 거룩한 행실과 경건함으로 하나님의 날이 임하기를 바라보고 간절히 사모하라 그 날에 하늘이 불에 타서 풀어지고 물질이 뜨거운 불에 녹아지려니와 우리는 그의 약속대로 의가 있는 곳인 새 하늘과 새 땅을 바라보도다(벧후 3:10-13).

20세기 위대한 설교자 로이드 존스(D. M. Lloyd-Jones) 목사님 역시 「교회와 종말에 일어날 일」(The church and the last thing)이란 책에서 예수님의 재림의 단회성을 언급하며 다음과 같이 말했습니다.

> 성경의 명확한 인상은 재림이 오직 한 번이지 두 번 혹은 두 단계로 이루어지는 것이 아니라고 말씀합니다. 이후에 살피겠지만 성경의 가르침에 의하며 오직 한 번의 재림이 있을 뿐입니다. 그 외에 '감추어지고', '예비적'인 휴거나, 주

님이 아무 때나 오시는 일은 일어나지 않습니다(2000:172).

이미 고난과 핍박을 당하고 있는 현시대 성도들

또한 세대주의 종말론자들은 이 시대 교회 성도들에게는 대환난의 핍박이 없다고 말하지만, 이 역시 사실이 아닙니다. 초대교회는 물론이거니와 지금 이 시대에서도 이미 수많은 성도님들이 신앙을 지키기 위해 적지 않은 고난과 핍박, 더 나아가 순교를 당하고 있습니다.

미국 콜로라도 주의 기독교인 잭 필립스(Jack Phillips)는 2012년 동성결혼 케이크 제작주문을 종교적 신념으로 거절하였다가 2015년 8월 13일 차별금지법 위반으로 유죄판결을 받았습니다.

오리건 주에서도 동성결혼 케이크 제작을 거절한 아론(Aaron)과 멜리사(Melissa) 부부에게 13만 5,000달러의 벌금형이 부과되었습니다. 2015년 6월 미국 대법원이 미국 전 지역의 동성결혼 합법화를 선언했기에, 차별금지법을 기초로 한 기독교인들의 박해는 더욱 가속화될 것입니다.

급진적 무슬림 주의자들인 IS의 테러는 어떠합니까? 몇 년 전부터 중동과 아프리카 전 지역에서 IS에 의한 기독교인의 순교가 끊이지 않고 일어나고 있습니다. 지금도 세력을 넓혀가고 있는 이들은 마을을 장악할 때마다 기독교인들에게 개종을 강요하고, 끝까지 믿음을 지키는 성도들을 남녀노소를 가리지 않고 무참히 살해하고 있습니다.

이전에 중동에서 사역하시는 한 선교사님은 자신이 사역하는 마을에서 순교자들의 피로 붉게 물든 하천 사진을 동역자들에게 보내셨습니다. 그리고 순교당하고 있는 중동의 성도들을 위해 기도해 줄 것을 눈물로 호소하였습니다.

지금은 대환난의 시기가 아니지만, 그럼에도 불구하고 수많은 성도님들이 믿음과 신앙을 지키기 위해 고난과 핍박을 당하고 순교의 제물로 하나님께 드려지고 있습니다. 그리고 시간이 흐르면 흐를수록 전 세계의 모든 성도들은 믿음을 지키기 위해 더욱 힘겨운 고난의 날들을 직면해야 될 것입니다. 이것이 실제적인 현실입니다.

들림과 버려둠의 비유는 휴거가 아닌 심판

이처럼 세대주의 종말론은 비성경적인 신학이론입니다. 그럼에도 불구하고 많은 성도님들이 두 번의 휴거를 언급하는 세대주의 종말론에 미련(?)이 있으신 가장 큰 이유는, 예수님께서 언급하신 들림과 버려둠 비유의 본질을 오해하고 있기 때문이라고 생각합니다.

누가복음 17장에서 예수님은 재림 시 잠자는 사람 중 하나는 데려감을 당하고 하나는 버려둠을 당할 것이며, 또한 두 사람이 맷돌 갈다가 하나는 데려감을 당하고 하나는 버려둠을 당할 것이라고 말씀하셨습니다(눅 17:34-35).

이 말씀을 그대로 이해하면, 신실한 신부는 들림을 받고 나머지는 버림을 받아 환난을 당할 것 같은 생각이 실제로 듭니다.

그런데 예수님께서 이 비유 앞에 먼저 소개하신 사건 두 개가 있습니다. 노아의 심판과 소돔과 고모라의 심판입니다. 이 두 사건 모두 심판 때에 의인은 구원받고 악인은 모두 죽게 되는 것을 강조하고 있습니다. 그리고 예수님은 이 두 사건을 언급 하신 직후 들림과 버려둠의 비유를 언급하셨습니다.

그렇다면 이 비유의 핵심은 무엇입니까? 들림받은 의인은 구원받아 천국에 가고, 버림받은 악인은 심판을 받아 멸해진다는 것입니다. 그러므로 깨어있음으로 예수님의 재림을 준비하여 마지막때에 심판받지 말라고 경고하시는 것입니다.

마태복음 24장 40-42절에 나오는 들림과 버려둠의 비유도 동일한 맥락입니다. 그 비유 바로 앞에도 노아의 심판이 언급되어 있습니다. 들림과 버려둠의 비유는 우리가 생각하는 신실한 자의 휴거가 아닌 예수님께서 재림하실 때 임할 최후심판의 비유인 것입니다.

> 그러나 그 날과 그 때는 아무도 모르나니 하늘의 천사들도, 아들도 모르고 오직 아버지만 아시느니라 노아의 때와 같이 인자의 임함도 그러하리라 홍수 전에 노아가 방주에 들어가던 날까지 사람들이 먹고 마시고 장가 들고 시집 가고 있으면서 홍수가 나서 그들을 다 멸하기까지 깨닫지 못하였으니 인자의 임함도 이와 같으리라
> 그 때에 두 사람이 밭에 있으매 한 사람은 데려가고 한 사람은 버려둠을 당할 것이요 두 여자가 맷돌질을 하고 있으매 한 사람은 데려가고 한 사람은 버려둠을 당할 것이니라 그러므로 깨어 있으라 어느 날에 너희 주가 임할는지 너희가 알지 못함이니라(마 24:36-42).

제가 앞 장에서 말씀 드렸듯이 마지막때에 사단은 미혹으로 성도들을 넘어 트립니다. 무엇을 믿는지는 각자가 선택할 몫입니다.

그러나 저는 이와 관련하여 인트레이터 목사님의 견해를

꼭 소개해 드리고 싶습니다. 이 분은 「그날이 속히 오리라」 (The King is coming back to Jerusalem)라는 책에서 다음과 같이 말했습니다.

> 이 세상의 모든 신학자들이 '환난 전에'라고 말해도, 예수께서 '환난 후에'라고 말씀하셨다면, 나는 정녕코 예수님의 말씀을 따를 것이다(2004:192).

우리 역시 이러한 신념이 있어야 합니다. 누가 뭐라고 말할지라도 하나님의 말씀으로만 무장되어야 합니다. 이때 비로소 마지막때의 경주를 승리로 마칠 수 있습니다.

> 그 날 환난 후에 즉시 해가 어두워지며 달이 빛을 내지 아니하며 별들이 하늘에서 떨어지며 하늘의 권능들이 흔들리리라 그 때에 인자의 징조가 하늘에서 보이겠고 그 때에 땅의 모든 족속들이 통곡하며 그들이 인자가 구름을 타고 능력과 큰 영광으로 오는 것을 보리라 그가 큰 나팔소리와 함께 천사들을 보내리니 그들이 그의 택하신 자들을 하늘 이 끝에서 저 끝까지 사방에서 모으리라(마 24:29-31).

> 그 때에 그 환난 후 해가 어두워지며 달이 빛을 내지 아니하며 별들이 하늘에서 떨어지며 하늘에 있는 권능들이 흔들리리라 그 때에 인자가 구름을 타고 큰 권능과 영광으로

오는 것을 사람들이 보리라 또 그 때에 그가 천사들을 보내어 자기가 택하신 자들을 땅 끝으로부터 하늘 끝까지 사방에서 모으리라(막 13:24-27).

그럼에도 불구하고 담대할 수 있는 이유?

그럼에도 불구하고 예수님께서는 마지막때에 성도들이 두려워하지 말고 담대할 것을 말씀하셨습니다. 사도 바울 역시 두려워하는 데살로니가교회 성도들에게 결코 두려워하지 말 것을 당부했습니다.

형제들아 우리가 너희에게 구하는 것은 우리 주 예수 그리스도의 강림하심과 우리가 그 앞에 모임에 관하여 영으로나 또는 말로나 또는 우리에게서 받았다 하는 편지로나 주의 날이 이르렀다고 해서 쉽게 마음이 흔들리거나 두려워하거나 하지 말아야 한다는 것이라(살후 2:1-2).

이후 사도 바울은 성도들이 마지막때에 더욱 담대할 수 있도록 재림 직전에 나타날 주요 사건 두 가지를 언급하는데, 이러한 표징을 보며 더욱 마음을 굳세게 할 것을 당부했습니다. 그리고 이 두 사건은 마지막때에 나타날 배교와 적그리스도의 등장입니다.

누가 어떻게 하여도 너희가 미혹되지 말라 먼저 배교하는 일이 있고 저 불법의 사람 곧 멸망의 아들이 나타나기 전에는 그 날이 이르지 아니하리니 그는 대적하는 자라 신이라고 불리는 모든 것과 숭배함을 받는 것에 대항하여 그 위에 자기를 높이고 하나님의 성전에 앉아 자기를 하나님이라고 내세우느니라(살후 2:2-3).

성경은 통전적입니다. 다니엘 12장과 요한계시록 19장 역시 예수님의 재림 직전 적그리스도가 등장할 것을 동일하게 말해 주고 있습니다.

내가 들은즉 그 세마포 옷을 입고 강물 위쪽에 있는 자가 자기의 좌우 손을 들어 하늘을 향하여 영원히 살아 계시는 이를 가리켜 맹세하여 이르되 반드시 한 때 두 때 반 때를 지나서 성도의 권세가 다 깨지기까지이니 그렇게 되면 이 모든 일이 다 끝나리라 하더라(단 12:7).

그(예수님)의 입에서 예리한 검이 나오니 그것으로 만국을 치겠고 친히 그들을 철장으로 다스리며 또 친히 하나님 곧 전능하신 이의 맹렬한 진노의 포도주 틀을 밟겠고 그 옷과 그 다리에 이름을 쓴 것이 있으니 만왕의 왕이요 만주의 주라 하였더라……. 또 내가 보매 그 짐승과 땅의 임금들과 그들의 군대들이 모여 그 말 탄 자와 그의 군대와 더불어 전쟁을 일으키다가 짐승이 잡히고 그 앞에서 표적을 행하던 거짓 선지자도 함께 잡혔으니 이는 짐승의 표를 받고 그의 우상에게 경배하던 자들을 표적으로 미혹하던 자라(계 19:15-20).

우리는 큰 수술을 앞두고 심히 두려운 마음이 들기 쉽습니다. 이때 수술을 집도할 의사가 하는 일이 있습니다. 환자와 가족들에게 수술 과정을 친절히 설명해 주는 것입니다.

의사가 왜 이와 같은 설명을 합니까? 환자와 가족들에게 안심을 주고, 또한 혹시 임할지 모를 위기 상황을 잘 대처하라고 설명해 주는 것입니다. 한마디로 두려움에서 벗어나 담대함을 갖도록 도와주는 것입니다.

신실하시고 사랑이 많으신 하나님께서도 마지막때에 두려움으로 고통당할 성도들에게 이와 같은 배려를 해 주셨습니다. 예수님의 재림 직전에 있을 배교와 적그리스도의 등장을 염두에 두고, 이러한 사건을 직면하게 될 때 끝까지 믿음으로 인내할 것을 당부해 주신 것입니다.

그러므로 너희가 견디고 있는 모든 박해와 환난 중에서 너희 인내와 믿음으로 말미암아 하나님의 여러 교회에서 우리가 친히 자랑하노라 이는 하나님의 공의로운 심판의 표요 너희로 하여금 하나님의 나라에 합당한 자로 여김을 받게 하려 함이니 그 나라를 위하여 너희가 또한 고난을 받느니라(살후 1:4-5).

성도는 능히 승리한다

사랑하는 여러분, 예수님께서는 마지막때에 성도들이 많은 고난과 핍박을 당하고, 혹자는 순교의 자리까지 나아가게 된다는 사실을 먼저 언급해 주셨습니다.

그러나 그럼에도 불구하고 모든 성도는 마지막때를 두려움이 아닌 담대함으로 지낼 수 있습니다. 어떻게 이러한 결과가 나올 수 있을까요?

지극히 간단합니다. 참된 믿음을 지닌 하나님의 백성이라면 한결같이 하나님의 보호하심을 통해 능히 승리한다는 사실을 성경이 가르쳐 주고 있기 때문입니다.

이와 관련하여 베드로 사도는 다음과 같이 말했습니다.

너희는 말세에 나타내기로 예비하신 구원을 얻기 위하여 믿음으로 말미암아 하나님의 능력으로 보호하심을 받았느니라(벧전 1:5).

또한 요한계시록 12장은 성도가 최후 승리를 얻는다는 사실을 다음과 같이 장엄하게 선언하고 있습니다.

> 내가 또 들으니 하늘에 큰 음성이 있어 이르되 이제 우리 하나님의 구원과 능력과 나라와 또 그의 그리스도의 권세가 나타났으니 우리 형제들을 참소하던 자 곧 우리 하나님 앞에서 밤낮 참소하던 자가 쫓겨났고 또 우리 형제들이 어린 양의 피와 자기들이 증언하는 말씀으로써 그를 이겼으니 그들은 죽기까지 자기들의 생명을 아끼지 아니하였도다 (계 12:10-11).

그렇습니다. 로마서 8장에 언급된 것과 같이 하나님은 하나님의 백성들이 끝까지 믿음의 정절을 지킬 수 있는 힘과 능력을 공급해 주시는 신실하신 아버지이십니다.

제 아무리 적그리스도의 세력이 크고 위대하다 할지라도 결국 하나님의 통치 아래에 있습니다. 환난이나 곤고, 박해나 기근, 적신이나 위험, 더 나아가 사망과 생명, 천사들이나 권세자들, 그 무엇도 우리를 우리 주 그리스도 예수 안에 있는 하나님의 사랑에서 끊을 수 없습니다(롬 8:35-39).

> 그런즉 이 일에 대하여 우리가 무슨 말 하리요 만일 하나님이 우리를 위하시면 누가 우리를 대적하리요(롬 8:31).

때문에 우리 자신이 진정 하나님의 자녀라면 우리는 그 무엇도 걱정할 것이 없습니다. 종말에 대한 예수님의 말씀에 귀를 기울이고, 그 말씀에 순종하기 위해 성령님의 도우심을 구하는 삶을 살아간다면 전혀 문제될 것이 없습니다. 하나님께서 때를 따라 돕는 은혜를 주셔서 모든 순간마다 능히 감당할 지혜와 능력을 주실 것이기 때문입니다.

> 자녀들아 너희는 하나님께 속하였고 또 그들을 이기었나니 이는 너희 안에 계신 이가 세상에 있는 자보다 크심이라(요 4:4).

오히려 모든 근심과 걱정은 하나님의 자녀가 아닌 세상 사람들의 몫입니다. 마지막때에는 오히려 세상의 권력자들이 더욱 두려워 떨게 될 것입니다.

> 땅의 임금들과 왕족들과 장군들과 부자들과 강한 자들과 모든 종과 자유인이 굴과 산들의 바위 틈에 숨어 산들과 바위에게 말하되 우리 위에 떨어져 보좌에 앉으신 이의 얼굴에서와 그 어린 양의 진노에서 우리를 가리라 그들의 진노의 큰 날이 이르렀으니 누가 능히 서리요 하더라(계 6:15-17).

마지막때에 오히려 사단이 두려워 떤다

마지막때에 두려움으로 가장 크게 떠는 자는 악한 사단입니다. 악한 사단은 마지막때에 그토록 갈망하던 영광의 보좌에 앉아 불신자들의 경배를 받지만, 잠시 후 만왕의 왕이신 예수님께서 이 땅에 재림하시며 사단의 권세를 영원히 폐하십니다.

> 그 때에 불법한 자가 나타나리니 주 예수께서 그 입의 기운으로 그를 죽이시고 강림하여 나타나심으로 폐하시리라 (살후 2:8).

사단은 이러한 자신의 운명을 잘 알고 있기에 마지막때가 되어 갈수록 더욱 두려움으로 떨 수밖에 없습니다. 사도 바울은 데살로니가교회 성도들에게 이러한 사실을 언급하며, 심판주로 다시 오실 예수님으로 인해 더욱 담대할 것을 명한 것입니다.

저를 비롯한 모든 성도님들 역시 사도 바울의 권면에 더욱 마음을 쏟아야 합니다. 예수님은 영광의 왕으로 이 땅에 오셔서 사단의 세력을 완전히 멸하시고, 영원한 영광의 나라를 우리에게 허락해 주실 것입니다.

이와 관련하여 백금산 목사님은 「만화 종말론」이란 책에서 예수님의 재림의 영광을 다음과 같이 말했습니다.

> 예수 그리스도의 재림으로 역사상 예수님을 믿었던 각 개인의 구원이 완성되며, 하나님의 백성으로서의 교회 공동체가 완성되며, 우주 전체에 대한 하나님의 통치가 본격적으로 시작됩니다.
> 예수님의 재림으로 하나님의 주권이 드러나며, 하나님의 백성의 구원이 완성되며, 하나님의 원수들에 대한 심판이 완성됩니다(2011:42-43).

이처럼 하나님의 구속계획에 있는 아름답고도 영광스러운 성취가 바로 예수님의 재림으로 완성됩니다. 우리가 매일의 삶 속에서 경험하는 지긋지긋한 사단의 공격들도 예수님의 재림으로 인해 완전히 사라지게 됩니다. 우리의 모든 연약함과 아픔 역시 예수님의 재림으로 인해 온전함으로 바뀌게 됩니다.

때문에 우리는 예수님의 재림 직전에 임할 고난과 환난에 우리의 시선을 두면 안 됩니다. 모든 환난 가운데서도 능히 넉넉히 이기게 하실 하나님의 크신 사랑과 능력에 관심을 두어야 합니다. 우리는 승리가 보장된 싸움에 헌신하는 예수님의 군사들이기 때문입니다.

더 나아가 우리는 영광의 왕으로 이 땅에 임하셔서 결국 적그리스도의 세력을 완전히 멸하시고 영원한 하나님의 나라를 완성하실 예수님을 더욱 갈망해야 합니다.

　　이때 비로소 두려움이 아닌 담대함으로 무장되어 마지막때를 넉넉히 승리할 수 있습니다. 두려움은 성도의 몫이 아닌 세상과 사단의 몫에 불과합니다.

chapter 6

다시 오실 왕의 대로를
준비하라

이 천국 복음이 모든 민족에게 증언되기 위하여 온 세상에 전파되리니 그제야 끝이 오리라(마 24:14).

내가 너희에게 이르노니 이제부터 너희는 찬송하리로다 주의 이름으로 오시는 이여 할 때까지 나를 보지 못하리라 하시니라 (마 23:39).

다시 오실 왕의 대로를 준비하라

대령님 영접 준비

젊은 시절 군에서 복무할 때였습니다. 제가 속해 있는 부대에 큰 비상이 걸렸습니다. 직속상관으로 계신 대령님의 부대 방문 일정이 잡힌 것입니다.

이후 저희 중대의 장교들과 하사관, 그리고 모든 부대원들의 일상은 전혀 달라지게 되었습니다. 일상적인 모든 업무를 중지하고, 오직 대령님을 맞이하는 준비에 몰두하게 된 것입니다. 미비했던 행정서류를 보충하는 것은 물론이거니와 막사 주위를 정돈하고 청소하는 데만 며칠을 지냈습니다. 아마도 당시가 제 인생에서 가장 청소를 열심히 했던 것 같습니다. 그리고 이러한 준비를 하면서 한 가지 생각을 하게 되었습니다.

'대령님 맞이하는 것도 이렇게 힘든데, 대통령을 맞이하는 분들은 아마 죽을 정도로 힘들꺼야!'

이처럼 귀한 분을 영접하는 것은 많은 준비를 필요로 하는 일입니다. 그 신분이 귀할수록 더욱 격에 맞는 준비를 해야 합니다.

그렇다면 우리는 자연스럽게 한 가지 결론에 도달하게 됩니다. 이 세상에서 가장 귀하신 분, 즉 만왕의 왕되신 예수님의 재림을 준비하기 위해서 우리는 더욱 헌신적인 준비를 해야 한다는 것입니다.

초림을 준비하신 하나님

예수님은 이 세상에서 가장 귀하신 분이십니다. 때문에 2천 년 전 모든 인류의 죄를 속하시기 위해 이 땅에 오셨을 때에도, 하나님께서는 예수님의 초림을 위한 만반의 준비를 하셨습니다.

많은 신학자들이 말하듯, 하나님께서는 예수님을 통해 완성될 십자가의 복음이 열방에 속히 증거 될 수 있는 환경을 모두 준비하셨습니다. 헬라와 로마가 주변 국가들을 정복해 나가는 과정을 통해, 문화와 언어가 통일되고 도로가 정비되었습니다.

복음이 신속하게 열방으로 흘러갈 수 있는 환경이 준비된 것입니다.

그런데 하나님의 가장 중요한 준비는 이스라엘 백성들의 마음을 준비하는 것이었습니다. 이를 위해 하나님께서는 말라기 선지자 이후 약 400년간 이스라엘 백성들에게 침묵하셨습니다. 영적 암흑으로 뒤덮인 이스라엘 백성들이 갈급함 가운데 메시야를 찾을 수 있도록 이들의 마음을 준비하신 것입니다.

이후 하나님께서는 마지막으로 세례 요한을 준비하셨습니다. 일평생 광야의 영성으로 무장된 세례 요한을 통해 갈급한 백성들의 시선을 사로잡으시고, 이후 모든 시선을 예수님 한분께 집중시키셨습니다.

이 일은 요한이 세례 베풀던 곳 요단 강 건너편 베다니에서 일어난 일이니라 이튿날 요한이 예수께서 자기에게 나아오심을 보고 이르되 보라 세상 죄를 지고 가는 하나님의 어린 양이로다 내가 전에 말하기를 내 뒤에 오는 사람이 있는데 나보다 앞선 것은 그가 나보다 먼저 계심이라 한 것이 이 사람을 가리킴이라(요 1:28-30).

이처럼 예수님의 초림을 모두 준비하신 하나님께서는 성도들을 통해 예수님의 재림을 준비할 계획을 갖고 계십니다. 우리는 이러한 하나님의 계획을 깨닫고, 심판주로 다시 오실 예수님의 길을 준비하기 위해 노력해야 합니다.

세계선교의 완성

하나님께서 예수님의 재림을 위해 우선적으로 계획하신 것은 세계선교의 완성입니다. 예수님은 "이 천국 복음이 모든 민족에게 증언되기 위하여 온 세상에 전파되리니 그제야 끝이 오리라"라고 말씀하셨습니다(마 24:14). 온 세상에 복음이 증거되는 일이 마쳐질 때, 예수님의 재림이 임하실 것을 친히 말씀해 주신 것입니다.

저명한 신약학자 죠지 래드(George Eldon Ladd)는 이러한 사실을 「재림과 휴거」(THE BLESSED HOPE)라는 책에서 다음과 같이 말했습니다.

교회는 하나님께로부터 부여 받은 신령한 임무를 지니고 있으며 이 임무를 수행함에 있어서 교회는 승리해야 한다. 즉 세계를 복음화하고 구원받은 자들을 그리스도께로 불러 모아야 한다. 오직 이 사명이 완성될 때에라야 그리스도께서 재림하실 것이다.

"그의 나타나심을 사모하는" 자들은 세계 복음화에 대해 우리는 종종 '예수님의 재림이 언제일까?' 너무도 궁금해 합니다. 저 역시 마찬가지입니다. 그런데 우리가 진정으로 관심을 가져야 하는 것은 재림의 시기가 아닙니다. 세계복음화입니다. 복음이 땅 끝까지 전해질 때 비로소 예수님의 재림이 임하시기 때문입니다.

세계복음화를 막는 사단

그렇다면 자연스럽게 예수님의 재림을 막는 사단의 전략이 무엇인지 밝혀지게 됩니다. 무엇입니까? 세계복음화를 막는 것입니다. 때문에 사단은 지금도 세계 곳곳에서 사역하시는 선교사님들을 공격하는 일에 최선을 다합니다. 아울러 성도로 하여금 선교에 관심을 갖지 못하도록 방해 합니다.

이런 의미에서 본다면 세계복음화에 헌신하지 않는 교회와 성도는 하나님을 위해 일하는 일꾼이라고 말하기 어렵습니다. 오히려 자신도 모르게 사단의 후원자 역할을 하고 있다고 보는 것이 옳습니다. 하나님의 일꾼은 사단의 권세가 속히 무너지고 하나님의 나라가 완성되는 일에 헌신하는 것이 당연한 의무이기 때문입니다.

또 일부 신부운동을 하시는 분 중에서 "지금은 전도할 때가 아니라 거룩함으로 무장되어 신부들에게 임할 휴거를 준비할 때"라고 주장 하시는 분도 계십니다.

사단이 이러한 발언을 들으면 너무도 행복해합니다. 이 땅에서 자신의 기한이 계속적으로 연장되는 것이기 때문입니다.

그러나 세계선교가 완성되지 않는 한 예수님의 재림은 임하지 않습니다. 그리고 원통한 사실이지만, 이 땅에서의 사단의 통치 역시 계속 이어 지게 됩니다.

사랑하는 여러분, 하나님의 나라를 갈망하십니까? 신랑되신 예수님을 속히 맞이하시길 원하십니까? 그렇다면 죠지 래드의 견해와 같이 '세계복음화에 대한 최대의 관심'을 가져야 합니다. 열방을 위해 기도하고, 세계 곳곳에서 사역하시는 선교사님들을 위한 기도와 후원에 헌신해야 합니다.

또한 기회가 될 때마다 복음을 증거하는 일에 힘써야 합니다. 이것이 예수님의 재림을 준비하는 신부들의 의무입니다.

유대인의 회심

예수님의 재림을 위한 두 번째 준비요소가 있습니다. 바로 유대인의 회심입니다.

　로이드 존스 목사님은 예수님의 재림의 징조를 세 가지로 보았습니다. 세계선교의 완성, 유대인의 회복, 그리고 적그리스도의 등장입니다(2000:124-141).

　특별히 유대인의 회복과 관련하여 로이드 존스 목사님은 「교회와 종말에 일어날 일」(The church and the last thing)이란 책에서 다음과 같이 말했습니다.

> 둘째 징조는 이스라엘이 충만함에 이를 때까지 모으는 일이 될 것입니다. 로마서 11장은 종말 이전까지 유대인들이 그 나라에 모이게 될 것이라고 분명히 가르치고 있습니다(2000:124).

　로이드 존스 목사님의 견해처럼, 하나님께서는 로마서 11장을 통해 이방인의 충만한 수가 차게 되면, 완악하고 우둔했던 이스라엘이 구원을 받게 될 것을 친히 약속하셨습니다. 자기민족을 위해 목숨이라도 마치고 싶었던 사도 바울이 그토록 이방인 선교에 주력한 이유도 이것에 근거하고 있습니다.

> 형제들아 너희가 스스로 지혜 있다 하면서 이 신비를 너희가 모르기를 내가 원하지 아니하노니 이 신비는 이방인의

충만한 수가 들어오기까지 이스라엘의 더러는 우둔하게 된 것이라 그리하여 온 이스라엘이 구원을 받으리라 기록된 바 구원자가 시온에서 오사 야곱에게서 경건하지 않은 것을 돌이키시겠고 내가 그들의 죄를 없이 할 때에 그들에게 이루어질 내 언약이 이것이라 함과 같으니라(롬 11:25-27).

형제들아 내 마음에 원하는 바와 하나님께 구하는 바는 이스라엘을 위함이니 곧 그들로 구원을 받게 함이라(롬 10:1).

또한 예수님은 누가복음 21장 24절에서 유대인들을 향해 "저희가 칼날에 죽임을 당하며 모든 이방에 사로잡혀 가겠고 예루살렘은 이방인의 때가 차기까지 이방인들에게 밟히리라"라고 말씀하셨습니다. 이방인의 수가 차게 되면 예루살렘에서 쫓겨난 유대인들이 다시 돌아오게 될 것을 말씀하신 것입니다.

특별히 예수님께서는 마태복음 23장 39절에서 재림의 또 다른 전제조건을 다음과 같이 말씀해 주셨습니다.

내가 너희에게 이르노니 이제부터 너희는 찬송하리로다 주의 이름으로 오시는 이여 할 때까지 나를 보지 못하리라 하시니라(마 23:39).

예수님은 유대인들이 회복되고 이들이 전심으로 예수님의 재림을 갈망하며 찬양할 때, 비로소 재림이 임하실 것을 말씀해 주신 것입니다.

사랑하는 여러분, 저는 유대인의 회심이 국가적 회심인지 아니면 하나님께서 정하신 수의 회심인지 알지 못합니다.

그러나 저는 두 가지만은 분명히 알고 있습니다. 첫째는, 유대인들이 1967년 주변의 중동국가들로부터 승리한 '6일 전쟁' 이후 2천년동안 세계에서 흩어져 살아가던 국민들이 예루살렘으로 돌아오고 있다는 것입니다. 그리고 둘째는 이들 중에 상당수가 예수님을 구주로 영접하고 있다는 것입니다.

예루살렘에서 유대인 선교에 헌신하시는 목사님께 전해들은 바로는 2015년 현재 약 3만 5천명의 메시아닉쥬들이 열정적으로 하나님을 예배하며 다시 오실 예수님을 갈망하고 있다고 합니다.

이러한 사실에 대해 인트레이터 목사님도 다음과 같이 말해 줍니다.

예수님은 다시 오실 것입니다. 오늘날 이스라엘에는 역사 가운데 처음 일어날 재림을 기다리며, 매일 같이 "찬송하리로다, 주의 이름으로 오시는 이여"라고 외치는 유대인들이 있습니다……. 예루살렘에 있는 예수님을 믿는 유대인들이 "찬송하리로다, 주의 이름으로 오시는 이여"라고 외치는 것은 이미 마지막 때가 되었다는 것을 의미합니다. 대환난이 시작되었으며, 예수님의 재림이 임박했습니다(2012:88-89).

유대인의 회복을 방해하는 사단

예수님은 회복된 유대인이 예수님의 재림을 갈망하며 찬양할 때 다시 오십니다. 그렇다면 성도님들은 예수님의 재림을 연기시키는 사단의 전략이 무엇인지 파악하실 수 있으실 것입니다. 그렇습니다. 성도가 세계복음화에 관심을 갖지 않도록 하는 것과 마찬가지로 유대인의 회복에 헌신하지 않도록 미혹하는 것입니다.

이와 관련해서 사단은 두 가지 주요 전략을 사용하고 있습니다.

첫째는 대체신학(Replacement theology)으로써, 예수님을 영접한 이방인 성도가 바로 영적 이스라엘 백성으로 대체되었다고 믿게 하는 것입니다(인트레이터 2012:159-164).

어떠한 의미에서 이방인 성도 역시 영적 이스라엘 백성입니다. 예수님을 구주로 영접한 모든 자는 믿음의 조상 아브라함의 후손이 되기 때문입니다. 그러나 하나님의 구원계획은 에베

소서 2장에 언급된 것과 같이, 예수님의 십자가를 통해 유대인과 이방인이 온전한 하나가 되는 것입니다.

> 그 때에 너희는 그리스도 밖에 있었고 이스라엘 나라 밖의 사람이라 약속의 언약들에 대하여는 외인이요 세상에서 소망이 없고 하나님도 없는 자이더니 이제는 전에 멀리 있던 너희가 그리스도 예수 안에서 그리스도의 피로 가까워졌느니라 그는 우리의 화평이신지라 둘로 하나를 만드사 원수 된 것 곧 중간에 막힌 담을 자기 육체로 허시고 법조문으로 된 계명의 율법을 폐하셨으니 이는 이 둘로 자기 안에서 한 새 사람을 지어 화평하게 하시고 또 십자가로 이 둘을 한 몸으로 하나님과 화목하게 하려 하심이라(엡 2:12-16).

인트레이터 목사님은 이와 관련된 내용을 다음과 같이 말했습니다.

> 복음은 원래 예수의 유대인 제자들에 의해 이방나라들에게 전파되었다. 이는 하나님의 계획으로, 마지막에는 이방 민족들이 유대민족에게 복음을 다시 전할 수 있도록 하신 것이다....... 우리는 이스라엘의 완전한 회복을 기대해야지, 그들의 실족을 인해 그 자리를 대신하려고 해서는 안된다(2004:120).

유대인과 이방인이 온전한 연합이 되어 전혀 새로운 하나의 공동체가 되는 것! 이것이 하나님의 지혜와 지식의 광대함입니다. 이방인의 충만한 수가 찼을 때 유대인이 회심하여 진정한 하나의 공동체가 되고, 완벽한 예수님의 신부가 신랑되신 예수님을 갈망할 때 비로소 예수님의 재림이 임하는 것입니다.

그런데 사단은 예수님의 재림을 연기시키기 위해 이방인인 우리 자신을 영적 이스라엘로 착각하게 하여 유대인에 대한 관심 자체를 차단시킵니다.

우리는 이러한 사단의 전략을 간파하고 유대인의 회심과 부흥을 위해 더욱 기도하며 선교에 헌신해야 합니다.

비성경적인 세대주의 종말론

둘째는 세대주의 종말론과 같은 비성경적인 종말론을 퍼트리는 것입니다. 앞에서 몇 차례 다루었지만 세대주의 종말론은 이방인 교회가 먼저 휴거를 당하면, 이후 유대인들이 자연스럽게 회개하고 예수님께 돌아와 환난 성도가 될 것을 가르칩니다.

그렇다면 이 세대주의 종말론을 믿는 성도들은 유대인을 향해 어떠한 태도를 갖게 될까요? 많은 경우 유대인의 회복에 대해 큰 관심을 갖지 않게 됩니다. 유대인들은 대환란을 겪으며 자연스럽게 믿음을 지니게 될 것이라 생각하기 때문입니다. 더 나아가 대환란 기간에 예수님을 영접하게 된 유대인들이 세계 복음화를 완성할 것이라는 오해를 하기도 합니다

그렇지만 유대인이 회심하지 않으면 예수님의 재림은 계속적으로 연기가 됩니다. 예수님은 슬퍼하시고 사단은 기뻐하게 됩니다. 그래서 세계선교에 열정적으로 헌신했던 오스왈드 스미스 목사님(Oswald J. Smith)은 이와 같은 종말론 사상을 다음과 같이 힘주어 반박했습니다.

나는 성경 전체를 다 보아도 나로 하여금 단 한순간이라도 어떤 사람들이 생각하듯 유대인들이 대환란기 동안에 세계를 복음화할 것이라는 사실을 믿을 수 있도록 해 주는 명확한 진술은 찾아 볼 수 없다는 것을 알고 있다. 내가 그것을 믿는다면 나는 팔짱을 낀 채 (선교활동에 대해 – 저자 삽입) 아무것도 하지 않을 것이다(죠지 래드 1993:195에서 재인용).

사실 저는 비판을 좋아하는 성향이 아닙니다. 이전에는 네 가지 주요 종말론들, 즉 세대주의 전천년설, 전천년설, 후천년설, 무천년설 등을 설명할 때에도 저의 개인적인 입장을 강조하지 않았습니다. 나름대로의 장단점이 있으니 각각의 장점들을

취할 것을 말하였습니다.

그러나 종말에 대해 깊이 연구하는 가운데, 세대주의 종말론에 숨겨진 사단의 계략을 발견하면서 저의 생각은 전적으로 달라졌습니다. 이것이 예수님의 재림을 의도적으로 연기시키는 사단의 전법이라는 것을 알게 되었기 때문입니다.

여러분이 어떠한 종말론을 취하든지 그것은 여러분의 몫입니다. 그러나 세계복음화와 유대인의 회복에 대한 관심과 헌신이 없다면, 예수님의 재림을 준비하는 것이 아닙니다.

우리 모두는 유대인의 회심이 예수님의 재림의 주요 조건이라는 사실을 명심하고, 유대인을 위한 선교와 중보 사역에 더욱 힘써야 합니다.

다시 오실 예수님을 갈망하라

예수님의 재림을 위한 세 번째 준비는 하나님의 백성들이 전심으로 예수님의 재림을 갈망하는 것입니다.

앞에서 언급해 드렸듯이, 예수님은 마태복음 23장에서 "내가 너희에게 이르노니 이제부터 너희는 찬송하리로다 주의 이름으로 오시는 이여 할 때까지 나를 보지 못하리라"라고 말씀하셨습니다(마 23:39). 예수님은 성도들의 열렬한 갈망과 환호

가운데 재림하신다는 것입니다.

이와 같은 예수님의 말씀은 지극히 타당합니다. 귀한 분을 귀하게 영접하는 것이 지극히 자연스러운 태도이기 때문입니다.

그래서 하나님께서는 예수님께서 대속제물로 이 땅에 처음 오실 때에도 예수님의 신분에 적절한 대접을 받게 하셨습니다. 비록 가장 낮은 곳에 가장 낮은 신분으로 오셔야 했기에, 예수님은 짐승의 안식처에서 태어나시고 구유에 누이셨습니다(눅 2:6-7).

그러나 그럼에도 불구하고 하나님께서는 동방 박사들로 하여금 왕으로 태어나신 아기 예수님께 경배하며 예물을 드리게 하셨습니다.

> 박사들이 왕의 말을 듣고 갈새 동방에서 보던 그 별이 문득 앞서 인도하여 가다가 아기 있는 곳 위에 머물러 서 있는지라 그들이 별을 보고 매우 크게 기뻐하고 기뻐하더라 집에 들어가 아기와 그의 어머니 마리아가 함께 있는 것을 보고 엎드려 아기께 경배하고 보배합을 열어 황금과 유향과 몰약을 예물로 드리니라(마 2:9-11).

그렇습니다. 예수님께서는 대속제물이 되시기 위해 어린양으로 이 땅에 오셨을 때에도 왕대접을 받으셨습니다. 그렇다면 사자와 같은 열방의 심판주로 이 땅에 오실 때는 더욱 큰 영광과 환호를 받으시는 것이 마땅한 것이 아니겠습니까?

실지로 예수님은 온 세계를 진동시키는 나팔 소리 가운데, 수많은 천군 천사의 호위를 받으시며 영광으로 이 땅에 재림하십니다. 이것이 하나님의 계획입니다.

주께서 호령과 천사장의 소리와 하나님의 나팔 소리로 친히 하늘로부터 강림하시리니(살전 4:16).

아담의 칠대 손 에녹이 이 사람들에 대하여도 예언하여 이르되 보라 주께서 그 수만의 거룩한 자와 함께 임하셨나니(유 1:14).

예수님의 재림에 관심을 끄게 하는 사단

그럼에도 불구하고 이 시대의 많은 성도들은 예수님의 재림에 큰 관심을 갖고 있지 않습니다. 사단의 전략에 모두 속고 있는 것입니다. 사단은 성도들로 하여금 예수님의 재림을 갈망하지 못하게 하여, 결국 자신의 통치를 이어가고 있습니다.

사랑하는 여러분, 앞장에서 언급했지만 예수님의 재림에 관심을 갖지 않는 것은 정상적인 신앙생활이 결코 아닙니다. 예수님은 제자들이 예수님의 재림에 관심을 갖도록 하시기 위해 "여기 서 있는 사람 중에 죽기 전에 인자가 그 왕권을 가지고 오는 것을 볼 자들도 있느니라"라고 말씀하심으로써, 모든 제자들이 예수님의 재림을 갈망하게 하셨습니다(마 16:28).

　　예수님의 제자들 역시 성도들을 양육할 때, 한결같이 다시 오실 예수님을 사모하며 깨어 준비할 것을 가르쳤습니다.

> 사랑하는 자들아 주께는 하루가 천 년 같고 천 년이 하루 같다는 이 한 가지를 잊지 말라 주의 약속은 어떤 이들이 더디다고 생각하는 것 같이 더딘 것이 아니라 오직 주께서는 너희를 대하여 오래 참으사 아무도 멸망하지 아니하고 다 회개하기에 이르기를 원하시느니라 그러나 주의 날이 도둑 같이 오리니 그 날에는 하늘이 큰 소리로 떠나가고 물질이 뜨거운 불에 풀어지고 땅과 그 중에 있는 모든 일이 드러나리로다(벧후 3:8~10).

　　우리는 이러한 성경의 가르침을 마음에 새겨야 합니다. '생각하지 않을 때에 인자가 오리라' 말씀하신 예수님의 말씀을 매일 묵상해야 합니다. 더욱 예수님의 재림을 갈망해야 합니다.

이것이 예수님의 재림을 준비하는 성도의 자세이며, 사단의 나라를 멸망시키는 가장 탁월한 전략입니다.

사랑하는 여러분, 다시 오실 예수님은 영광의 왕으로 이 땅에 재림하십니다. 우리는 귀하신 예수님께서 속히 오실 수 있도록 하나님의 백성으로써의 마땅한 준비를 해야 합니다.

이를 위해 세계복음화와 유대인의 회복, 그리고 예수님의 재림을 갈망하는 삶에 더욱 헌신해야만 합니다. 이것이 예수님의 재림을 준비하는 순결한 신부의 단장인 것입니다.

마라나타(고형원)

마라나타 주 예수여 어서 오시옵소서
땅의 모든 끝 모든 족속 주를 찬송하게 하소서

마라나타 주 예수여 어서 오시옵소서
모든 열방이 주께 돌아와 춤추며 경배하게 하소서

우리 주님 다시 오실 길을 만들자
십자가를 들고 땅끝까지 우린 가리라

우리 주님 하늘 영광 온 땅 덮을 때
우린 땅끝에서 주를 맞으리

마라나타 마라나타 아멘 주 예수여 오시옵소서
마라나타 마라나타 아멘 주 예수여 오시옵소서

chapter 7

충성함으로 주께 드릴
열매를 준비하라

어떤 사람이 타국에 갈 때 그 종들을 불러 자기 소유를 맡김과 같으니 각각 그 재능대로 한 사람에게는 금 다섯 달란트를, 한 사람에게는 두 달란트를, 한 사람에게는 한 달란트를 주고 떠났더니 다섯 달란트 받은 자는 바로 가서 그것으로 장사하여 또 다섯 달란트를 남기고 두 달란트 받은 자도 그같이 하여 또 두 달란트를 남겼으되 한 달란트 받은 자는 가서 땅을 파고 그 주인의 돈을 감추어 두었더니 오랜 후에 그 종들의 주인이 돌아와 그들과 결산할 새(마 25:14-19).

충성함으로 주께 드릴 열매를 준비하라

지나가는 인생! 영원한 것을 위해 살라

존 볼친(John F. Balchin) 목사님은 「이 세상을 본받지 말라」 (Citizen of another kingdom)라는 책에서 젊은 시절 자신의 특별한 경험을 소개해 주고 있습니다.

볼친 목사님은 작은 시골 교회에서 예배를 인도한 적이 있었는데, 예배 후 한 할머니께서 가죽 표지로 된 방명록을 목사님께 보여 드렸다고 합니다.

할머니의 아버님은 중국선교 초기에 헌신하신 선교사님이셨는데, 이 방명록에는 중국내지선교의 창시자였던 허드슨 테일러(Hudson Taylor)의 서명과 다음과 같은 그의 짧은 격언이 적혀 있었습니다.

> 오직 한 번뿐인 인생, 그것은 곧 지나갈 것이다.
> 그러나 우리가 예수님을 위하여 한 일만은 영원할 것이다.

이때 볼친 목사님은 이 글귀를 읽으며 성도가 어떠한 삶을 살아가야 하는지에 대한 분명하고도 확고한 사고가 생겼다고 합니다. 그것은 성도의 삶은 오직 하나님을 위해 헌신한 것만 남게 된다는 것이었습니다(1989:132).

그렇습니다. 우리의 삶은 지나갑니다. 그러나 지나가는 것으로 끝나는 것은 결코 아닙니다. 우리의 인생이 마치게 되는 순간, 영원이 남게 될 것이 무엇인지 평가를 받는 순간이 다가오게 되는 것입니다.

때문에 우리는 마태복음 25장에서 종들의 삶을 계수하는 달란트 비유를 통해 예수님의 재림을 준비하는 교훈을 잘 배워야 합니다.

충성하라! 계수할 날이 다가온다

예수님께서 언급하신 달란트 비유에는 각기 다른 달란트를 받은 세 종들이 나옵니다. 이 세 종들은 자신의 재능을 따라 각각 다섯 달란트, 두 달란트, 그리고 한 달란트를 받았습니다. 이후 앞의 두 종들은 바로 가서 열심히 일하기 시작하고, 한 달란트 받은 종은 자신이 받은 달란트를 땅에 묻어 두었습니다.

오랜 시간이 흐른 뒤 주인이 다시 돌아온 후에, 다섯 달란트 받은 종은 열 달란트를 그리고 두 달란트 받은 종은 네 달란트를 주인에게 드립니다. 반면에 한 달란트를 받은 종은 땅에 묻어 두었던 한 달란트만을 드립니다.

이때 세 종들을 향한 주인의 다른 평가가 나옵니다. 먼저 앞의 두 종에게는 "착하고 충성된 종아 네가 적은 일에 충성하였으매 내가 많은 것을 네게 맡기리니 네 주인의 즐거움에 참여할지어다"라고 칭찬하셨습니다(마 25:21-23).

그러나 열매를 남기지 않은 종에게는 "악하고 게으른 종아 나는 심지 않은 데서 거두고 헤치지 않은 데서 모으는 줄로 네가 알았느냐?" 말씀하시며 다른 종들에게 "이 무익한 종을 바깥 어두운 데로 내쫓으라" 명령하셨습니다(마 25:26-30).

많은 분들이 이 달란트 비유에 대한 오해를 합니다. '하나님께 받은 은사를 묻어 두지 말고 열심히 잘 사용해야 한다. 그래야 하나님께 칭찬 받는다'라고 생각하는 것입니다.

그러나 달란트 비유의 본질은 은사활용이 아닙니다. 우리의 모든 삶에 대한 하나님의 최종심판입니다. 이러한 사실에 대해 헤르만 리델보스(Herman N. Riderbos)는 다음과 같이 말했습니다.

> 이 비유는 모든 사람은 마땅히 자기에게 부여된 은사를 활용해야 한다는 도덕적 교훈을 말하는 것이 아니다. 이 비유의 본의는 오히려 종교적 그리고 종말론적인 데 있다. 모든 사람은 천국이 도래했을 때 생의 결산을 요구받을 것이라는 각성 속에 살아야만 한다(1990:715).

사랑하는 여러분, 예수님은 초림시에 구원자로 오셨습니다. 그러나 재림시에는 심판주로 오십니다. 달란트 비유 직후에 언급되는 양과 염소의 비유와 같이 실지로 예수님은 적그리스도를 멸하시기 위해 재림하신 후 의인과 악인을 구분하실 것입니다. 그리고 의인에게는 영생을, 악인에게는 영벌을 주실 것입니다.

> 인자가 자기 영광으로 모든 천사와 함께 올 때에 자기 영광의 보좌에 앉으리니 모든 민족을 그 앞에 모으고 각각 구분하기를 목자가 양과 염소를 구분하는 것 같이 하여 양

은 그 오른편에 염소는 왼편에 두리라 그 때에 임금이 그 오른편에 있는 자들에게 이르시되 내 아버지께 복 받을 자들이여 나아와 창세로부터 너희를 위하여 예비된 나라를 상속받으라(마 25:31-34).

그들은(악인들은) 영벌에, 의인들은 영생에 들어가리라 하시니라(마 25:46).

그렇다면 우리가 예수님의 재림을 생각할 때 무엇을 염두에 두어야 합니까? 바로 예수님께서 재림하실 때 우리 각자가 살아온 삶에 대한 예수님의 평가가 기다리고 있다는 사실입니다.

만일 우리가 이러한 예수님의 평가를 생각한다면 충성스런 삶이 얼마나 중요한 것인지를 가슴에 품게 될 것입니다.

즉각적으로 순종하라

달란트 비유를 통해 우리가 배워야 할 또 다른 교훈은 즉각적인 순종의 삶입니다. 다섯 달란트와 두 달란트 받은 자는 주인에게 달란트를 받자마자 동일한 행동을 했습니다. 그것은 '바로 가서' 일하기 시작한 것입니다. 반면에 악하고 게으른 종은 받은 달란트를 땅에 묻어 두었습니다. 순종과 충성의 모습이 전혀 나타나지 않았습니다.

다섯 달란트 받은 자는 바로 가서 그것으로 장사하여 또 다섯 달란트를 남기고 두 달란트 받은 자도 그같이 하여 또 두 달란트를 남겼으되 한 달란트 받은 자는 가서 땅을 파고 그 주인의 돈을 감추어 두었더니(마 25:16-18).

우리는 이 세 종들의 모습을 통해 예수님의 재림의 날에 칭찬받을 자와 부끄러움을 당할 자가 어떠한 자인지를 배울 수 있습니다. 하나님께서 깨달음을 주셨을 때 즉각적인 순종의 삶을 살아가는 자는 칭찬과 명성을 얻게 되지만 그렇지 않은 자는 부끄러움을 얻게 된다는 것입니다.

이러한 점에서 저는 현대교회 성도님들이 예수님의 재림의 날에 어떻게 예수님의 얼굴을 뵙게 될지 염려의 마음이 듭니다.

불신자들도 심상치 않은 세상의 현상들을 보면서 세상의 종말이 다가 오고 있다는 것을 알고 있습니다. 선진국의 부유한 자들은 이미 핵전쟁과 큰 자연재해를 대비해서 지하 벙커를 완비해 두었습니다. 일부 시민들 역시 나름대로 크고 작은 대비방안들을 마련하는 일에 열심을 내고 있습니다.

믿지 않는 자들도 이처럼 장차 임할 세상의 종말을 대비하고 있다면, 믿는 성도들은 어떠한 삶의 자세를 가져야 합니까? 이들보다 더욱 충성스런 삶으로 예수님의 재림을 준비해야 하는 것이 마땅할 것입니다.

그러나 그럼에도 불구하고 많은 성도님들이 예수님의 재림을 염두에 두지 않고 살아갑니다. 이러한 현실에 대하여 김남준 목사님은 「구원과 하나님의 계획」이라는 책을 통해 다음과 같이 말했습니다.

오늘날 많은 사람들은 주님이 다시 오시지 않을 것처럼 살아갑니다. 이미 사도 시대에도 그런 사람들이 있었습니다. 주님께서 다시 오실 리가 없다고 생각하는 사람들이나 혹은 절대로 주님은 빨리 오시지 않을 것이라고 생각하는 사람들이 어떤 삶을 살았습니까? 그들은 이 세상의 육체의 욕심대로 살고 경건을 잃어버린 채 방탕함에 자기를 내어준 삶을 살았습니다.
내일이라도 저 공중에 구름이 일어나고 큰 나팔소리가 울려나며 예수 그리스도께서 재림하신다면 여러분은 어떠시겠습니까? 우리는 그 날을 끊임없이 그리워하고 목말라하는 가운데 사모함으로 기다리며 살고, 그 날에 누릴 영광을 바라보며 끊임없이 온전한 삶을 살기 위해 노력하는 성도들이 되어야 합니다(2009:340).

사랑하는 여러분, 은혜가 풍성하신 하나님께서는 이 세상의 심상치 않은 여러 현상들을 통해 예수님의 재림의 날이 더욱 다가오고 있음을 알려 주고 계십니다.

비록 그 날이 언제일지 우리는 그 때와 시를 정확히 알지 못합니다. 그러나 그럼에도 불구하고 우리 모두는 하나님의 특별한 배려하심 가운데 예수님의 재림의 날들에 대한 경고를 충분히 받고 있음을 부인할 수 없습니다.

그렇다면 우리가 착하고 충성스런 종으로 인정받기 위해서는 어떠한 삶을 살아야 합니까? 앞에서 말씀드린 것처럼, 하나님께서 주신 깨달음에 즉각적인 순종의 삶을 살아야 합니다.

'늘 깨어 있으라'라고 명령하신 예수님의 말씀을 가슴에 새기고, 예수님의 재림을 준비하기 위한 성도의 의무에 힘써야 합니다. 이러한 삶을 통해 영광의 왕으로 이 땅에 임하실 예수님께 충성된 종으로 인정받아야 하는 것입니다.

마지막때에 충성을 훈련하라

충성은 모든 하나님의 백성들의 아름다운 의무입니다. 충성스러운 삶을 살아가셨던 예수님의 본을 따라가는 것이 성도의 마땅한 도리이기 때문입니다.

아멘이시요 충성되고 참된 증인이시요 하나님의 창조의 근본이신 이가 이르시되(계 3:14).

그런데 마지막때를 살아가는 하나님의 백성들에게는 더욱 충성이 요구됩니다. 자신의 날이 얼마 남지 않은 것을 알고 있는 사단은 마지막 발악을 할 것이 자연스러운 이치이기 때문입니다.

때문에 인트레이터 목사님은 "종말에 승리하려면 우리는 무엇보다 거룩해야 하고 생명을 드리기까지 충성해야 한다"라고 말했습니다(2004:117).

이를 위해 우리가 주목해야 할 것은, 그때를 위해 현재의 삶 가운데 충성을 더욱 훈련하는 것입니다. 이에 관하여 존 화이트(John White) 목사님은 「헌신의 대가」(The cost of commitment)라는 책에서 다음과 같이 말합니다.

자유가 지속되는 동안 작은 것에 충실하면, 커다란 시험이 닥칠 때 충실 할 수 있는 기회가 된다. 당신이 현재 처한 곳에서 충성을 다하는 것은 가치 있는 훈련이다.

나는 나팔 소리를 울려 서구 교회를 깨우고 그들에게 교회가 증거를 하게 될 때 겪는 정상적인 상태는 우리가 현재 경험하고 있는 그런 상태가 아니라, 기독교적 증거에 불리한 상태라는 점을 경고하고자 한다.

나는 어두움이 다시 내려오고 있는 것인지도 모른다고 생각하며 또 그것에 대해 준비하고 있는 그리스도인들이 거의 없다는 것이 두렵기조차 하다.

우리는 오랜 순교의 전통을 갖고 있지만 이제는 유약하고
잘 준비되지 못한 상태가 되어 버리고 말았다(1989:33-34).

그렇습니다. 비교적 평온한 시기에 충성이 잘 훈련되면, 급격한 위기의 순간에도 주어진 사명을 온전히 감당할 수 있습니다. 그러나 이와 반대되는 입장이라면 위기의 때에 우왕좌왕하며 실수를 연발하기 쉽습니다. 중요한 임무를 잘 완수하지 못하는 것은 물론이거니와 배도의 위기 앞에서도 마음이 적지 않게 흔들릴 수 있습니다.

그러나 충성이 훈련된 하나님의 백성이라면 어떠한 상황에서도 하나님의 나라와 영광을 위해 더욱 헌신하는 삶을 살아가게 됩니다. 죽기까지 충성합니다. 작은 충성의 반복 훈련을 통해 실제적인 충성의 삶이 완성되는 것입니다.

그래서 미국의 군인 훈련소에서는 입소한 훈련병들을 교육할 때 가장 먼저 특심한 애국심을 갖도록 교육한다고 합니다.

실제로 저는 미 육군에서 오랫동안 군생활을 했던 청년을 알고 있는데, 이 청년은 본래 소심한 성격의 소유자였습니다. 그러나 훈련소에서 나라와 민족을 위한 충성심과 동료들을 위한 전우애를 익히게 된 다음에는 전혀 다른 진짜사나이가 되

었습니다.

나라를 위해 목숨을 바치는 것을 가장 영광스럽게 생각하는 용맹한 군인이 되었을 뿐 아니라, 전역 이후에도 불의에 전혀 타협하지 않는 정의로운 삶을 살아가고 있습니다.

그리고 이와 같은 삶을 살아가게 된 근본적인 원인은 앞에서 언급했듯이 훈련소에서 체득된 충성심의 결과입니다.

사랑하는 여러분, 마지막때에는 더욱 위대한 충성이 필요합니다. 지금 주어진 자리에서 충성하는 자가 마지막까지 충성스럽고 영광스러운 삶을 살아갈 수 있습니다. 왕으로 오실 예수님을 기쁨으로 맞이할 수 있습니다.

하나님의 나라와 영광을 삶의 동기로 삼으라

우리는 마지막때가 되어 갈수록 더욱 충성스런 삶을 살아야만 합니다. 이를 위해 간략하고도 실제적인 적용점들을 언급해 드리고자 합니다.

첫째, 무엇보다 하나님의 나라와 영광을 위한 것이 삶의 모든 목적이 되어야 합니다.

충성스런 군인은 자신이 속한 나라를 위해 목숨을 아끼지 않습니다. 충성스런 하나님의 백성도 동일합니다. 하나님의 나라와 그의 영광이 자신의 삶의 모든 동기이자 목적이 됩니다. 만일 다른 그 무엇이 우리 마음에 들어오게 되면, 위기의 순간 충성심이 흔들릴 수 있습니다. 때문에 우리는 예수님처럼 먼저 그의 나라와 그의 의를 구하는 마음으로 무장되어야 합니다 (마 6:33). 이때 먹든지 마시든지 다 하나님의 영광을 위해 살아가는 충성스런 일꾼의 삶을 살아갈 수 있습니다.

그런즉 너희가 먹든지 마시든지 무엇을 하든지 다 하나님의 영광을 위하여 하라(고전 10:31).

자신의 사명을 발견하고 더욱 지혜롭게 일하라

둘째, 자신의 사명을 깨닫고 더욱 지혜롭게 일해야 합니다.

우리는 아무 일에나 충성하면 안 됩니다. 우리 각자를 향한 하나님의 뜻에 헌신해야 합니다. 이를 위해 무엇보다 나를 향하신 하나님의 선하고 아름다우신 뜻, 즉 자신의 사명을 발견하고 그 뜻에 헌신하는 삶이 필요합니다.

더불어 우리는 하나님께서 맡겨주신 일을 보다 탁월하게 감당하는 지혜와 기술이 필요합니다. 때문에 하나님께서 주신 은

사와 능력을 개발하는 일에 힘써야 합니다.

특별히 국내외적으로 분주한 목회일정 중에서도 수십 권의 책을 집필하신 김남준 목사님은 자신이 이처럼 많은 사역을 감당할 수 있는 비결을 「게으름」이란 책을 통해 다음과 같이 소개해 주셨습니다.

제 기도 제목에는 '주님의 일을 할 때 먼저는 저의 직무가 무엇인지를 정확하게 알게 해주시고, 그것을 효과적으로 수행할 수 있는 지혜를 저에게 주십시오'라는 절실한 기도제목이 있습니다(2005:55).

자신이 무엇에 헌신해야 하는 지를 깨닫고, 맡겨진 직무를 보다 효과적으로 수행할 수 있는 실제적인 지혜와 능력을 하나님께 구하는 것! 그리고 이러한 과정을 통해 자신이 할 수 있는 최선과 최상의 열매를 드리기 위해 노력하는 충성의 삶이 우리 모두에게 필요한 것입니다.

시간을 아끼고 소중히 사용하라

셋째, 주어진 시간을 소중히 여겨야 합니다.

김남준 목사님은 「구원과 하나님의 계획」이란 책에서 "주님의 마음에 기쁨을 드리기 위해 우리에게는 반드시 시간이라고 하는 장이 필요합니다"라고 말했습니다. 그리고 이러한 사실을 깨달은 믿음의 위인들은 한결같이 시간을 중요시 여기고, 보다 가치 있게 사용하는 것에 헌신했다는 사실을 언급해 줍니다 (2009:356).

사랑하는 여러분, 어떠한 면에서 영적전쟁은 시간전쟁이라고 말해도 무관합니다. 하나님께서는 우리가 가치 있고 영원한 것에 시간을 쓰길 원하시고, 마귀는 무의미한 것에 시간을 허비하도록 유도하기 때문입니다.

이와 관련하여 존 해가이(John Haggai) 박사는 「충성된 청지기」(The Steward)라는 책에서 시간을 가치 있게 보내기 위해 노력하는 그의 친구의 발언을 다음과 같이 소개했습니다.

"존, 나는 나의 삶이 중요한 일에 투자되어지기를 원해요. 세상에 사는 동안 우리 크리스천들에게 가장 중요한 일은 모든 사람에게 예수 그리스도에 관한 복음을 듣게 하는 것입니다"라고 고백하는 것을 종종 들었습니다(1985:51-52).

그렇습니다. 우리가 하나님을 섬길 수 있는 시간은 제한되어 있습니다. 예수님의 재림의 날이 하루하루 다가오고 있습니다. 우리는 하나님께 영광과 기쁨이 되는 일에 더욱 헌신해야 합니다.

세월을 아끼라 때가 악하니라(엡 5:16).

인내함으로 사명을 완성하라

넷째, 인내함으로 주어진 사명을 끝까지 완성해야 합니다.

인내는 충성의 열매를 맺는 마지막 단추입니다. 충성은 하나님께서 주신 사명을 하나님께서 원하시는 때까지 감당하는 것을 의미하기 때문입니다.

저를 비롯해서 이 시대 많은 성도님들이 인내하는 것을 참으로 힘들어 합니다. 그러나 연약한 우리이기에 인내의 중요성을 더욱 인식하고, 인내를 더욱 훈련해야 합니다. 인내가 완성될 때 비로소 충성의 열매가 맺혀지기 때문입니다.

우리에게 위로가 되는 사실은, 충성의 삶을 사셨던 우리 예수님께서도 어느 때에는 인내하시는 것을 참으로 어려워하셨다는 것입니다. 성경은 예수님께서도 십자가의 고난과 죽임을 당하시는 것을 힘들어 하셨다고 기록하고 있습니다(마 26:36-45). 하나님과의 관계를 무엇보다 사랑하셨던 예수님께서 모든 인류의 죄를 대신하여 저주를 받고 하나님의 진노를 받으시는 것을 너무도 두려워하셨기 때문입니다.

그러나 예수님께서는 자신의 시선을 십자가의 진노가 아닌, 그 이후에 허락될 더 큰 영광에 두셨습니다. 자신의 죽음으로 인해 모든 인류에게 허락될 위대한 구원의 완성과 이를 너무도 기뻐하시는 하나님 아버지의 환한 미소를 생각하시고, 이를 위해 그 모든 고난의 현장을 기쁨으로 인내하셨던 것입니다.

> 믿음의 주요 또 온전하게 하시는 이인 예수를 바라보자 그는 그 앞에 있는 기쁨을 위하여 십자가를 참으사 부끄러움을 개의치 아니하시더니 하나님 보좌 우편에 앉으셨느니라 (히 12:2).

우리도 예수님처럼 고난이 아닌 그 이후에 있을 영광에 시선을 두어야 합니다. 잠시 후 허락될 영원한 기쁨과 감격에 소망을 두어야 합니다. 이때 비로소 인내를 이루고 충성의 열매를 완성할 수 있습니다.

> 그러므로 형제들아 주께서 강림하시기까지 길이 참으라 보라 농부가 땅에서 나는 귀한 열매를 바라고 길이 참아 이른 비와 늦은 비를 기다리나니 너희도 길이 참고 마음을 굳

건하게 하라 주의 강림이 가까우니라(약 5:7-8).

두 손 가득한 열매를 가지고 예수님을 영접하라

장차 이 땅에 다시 오실 예수님은 자신의 모든 삶을 하나님께 충성으로 바치셨습니다. 하나님의 기뻐하시는 뜻을 이뤄 드리기 위해, 높고 높은 하늘의 영광을 버리시고 낮고 천한 이 땅에 태어나셨습니다. 십자가에서 모든 물과 피를 쏟으시며 죽기까지 충성하셨습니다.

그리고 은혜와 사랑이 풍성하신 하나님께서는 이처럼 충성하신 예수님을 가장 위대한 열방의 통치자로 높여 주셨습니다.

이러므로 하나님이 그를 지극히 높여 모든 이름 위에 뛰어난 이름을 주사 하늘에 있는 자들과 땅에 있는 자들과 땅 아래에 있는 자들로 모든 무릎을 예수의 이름에 꿇게 하시고 모든 입으로 예수 그리스도를 주라 시인하여 하나님 아버지께 영광을 돌리게 하셨느니라(빌 2:9-11).

이제 심판주로 다시 오실 예수님께서도 충성스런 당신의 종들에게 동일한 칭찬과 상급을 주실 것입니다.

그렇다면 우리는 어떠한 모습으로 예수님을 뵈어야 할까요?

빈손으로 주인을 맞았던 게으른 종이 아닌, 풍성한 열매를 안고 주인을 뵈었던 착하고 충성된 종의 모습으로 예수님을 뵈어야 하지 않을까요?

그때 예수님께서는 열매를 가득 안고 예수님의 발 앞에 엎드린 종들에게 사랑의 음성으로 다음과 같이 말씀해 주실 것입니다.

착하고 충성된 종아 네가 적은 일에 충성하였으매 내가 많은 것을 네게 맡기리니 네 주인의 즐거움에 참여할지어다 (마 25:23).

부족한 종을 비롯하여 이 글을 읽으시는 모든 분들마다 이러한 예수님의 칭찬을 받으시길 진심으로 소망합니다.

주께서 주신 동산에(고형원)

주께서 주신 동산에 땀 흘리며 씨를 뿌리며
내 모든 삶을 드리리 날 사랑하시는 내 주님께

비바람 앞을 가리고 내 육체는 쇠잔해져도
내 모든 삶을 드리리 내 사모하는 내 주님께

땅 끝에서 주님을 맞으리 주께 드릴 열매 가득 안고
땅 끝에서 주님을 뵈오리 주께 드릴 노래 가득 안고

땅의 모든 끝 찬양하라 주님 오실 길 예비하라
땅의 모든 끝에서 주님을 찬양하라
영광의 주님 곧 오시리라

chapter 8

가장 아름다운 모습으로
신랑을 맞이하라

주의 날이 도둑 같이 오리니 그 날에는 하늘이 큰 소리로 떠나가고 물질이 뜨거운 불에 풀어지고 땅과 그 중에 있는 모든 일이 드러나리로다 이 모든 것이 이렇게 풀어지리니 너희가 어떠한 사람이 되어야 마땅하냐 거룩한 행실과 경건함으로 하나님의 날이 임하기를 바라보고 간절히 사모하라 그 날에 하늘이 불에 타서 풀어지고 물질이 뜨거운 불에 녹아지려니와 우리는 그의 약속대로 의가 있는 곳인 새 하늘과 새 땅을 바라보도다 그러므로 사랑하는 자들아 너희가 이것을 바라보나니 주 앞에서 점도 없고 흠도 없이 평강 가운데서 나타나기를 힘쓰라(벧후 3:10-14).

가장 아름다운 모습으로 신랑을 맞이하라

지워지지 않는 짜장 얼룩

신학교 1학년 때였습니다. 제가 평상시 잘 따르던 한 형님이 너무도 외로웠는지 제게 소개팅을 부탁하셨습니다. 청이 너무 간곡했던지라 그냥 넘어갈 수가 없었습니다. 그래서 저 나름대로 귀한 자매님을 섭외하여 두 분의 만남을 주선하였습니다.

드디어 약속한 기일이 되었고, 저는 영성과 미모를 겸비한 자매님과 약속장소에 함께 나갔습니다. 이후 그 형님이 도착했는데, 저는 이 형님의 첫 모습에 웃음과 긴장이 반복적으로 이어졌습니다. 깔끔하게 차려입은 흰남방위에 커다란 짜장얼룩(?)이 한눈에 보였기 때문입니다.

설명할 필요도 없이 모든 상황이 이해가 되었습니다. 만남 전에 배가 고파서 짜장면 한 그릇을 먹는 가운데, 그 고결한 흰 남방에 짜장국물이 묻었던 것입니다. 아마도 기겁을 하며 얼룩 자욱을 지우기 위해 노력을 했지만, 시간이 다 되어 결국 그 모습 그대로 약속장소에 나오게 되었던 것입니다.

이후 이 만남의 결론이 어떻게 되었을까요? 이 형님은 자매님을 너무도 맘에 들어 했지만, 자매님은 한 번의 만남으로 충분하다며 제게 확고한 선을 그었습니다. 이 모든 상황을 옆에서 지켜본 저는 정말 웃지도 울지도 못하는 상황이 되었습니다.

시간이 많이 지났지만, 당시를 생각하면 난감한 상황으로 인해 어쩔지 몰라 하던 그 형님의 얼굴이 생생이 기억나 피식 웃음이 납니다.

그러나 또 한편으로 제 마음속엔 큰 긴장감이 피어오릅니다. 준비되지 않은 상태에서 예수님을 맞이할 성도님들이 겪게 될 당혹감이 어떠한 것인지 너무도 잘 느껴지기 때문입니다.

혼인 잔치를 위한 준비

예수님은 재림을 설명하실 때 종종 혼인잔치 비유를 드셨습니다. 마태복음 25장에서도 열 처녀 비유를 통해 성도들에게 재림을 교육하셨습니다(마 25:1-13).

그렇다면 예수님은 이 비유를 통해 무엇을 가르쳐 주시길 원하셨을까요? 한마디로 성도의 준비됨입니다. 슬기로운 다섯 처녀는 기름을 준비하여 혼인잔치에 들어가게 되고, 기름을 준비하지 못한 미련한 다섯 처녀에게는 그 문이 영원히 닫혔습니다. 준비하지 않은 자는 슬피 울며 이를 갈게 될 것을 강조하신 것입니다.

> 그들이 사러 간 사이에 신랑이 오므로 준비하였던 자들은 함께 혼인 잔치에 들어가고 문은 닫힌지라 그 후에 남은 처녀들이 와서 이르되 주여 주여 우리에게 열어 주소서 대답하여 이르되 진실로 너희에게 이르노니 내가 너희를 알지 못하노라 하였느니라(마 25:10-12).

이처럼, 예수님의 재림을 준비하는 성도들에게는 그 날이 영광과 감격의 날이 될 것입니다. 그러나 예수님의 재림의 날이 하루하루 다가오고 있음을 잘 알고 있음에도 불구하고 예수님의 말씀에 순종하지 않아 준비되지 않은 성도들에게는 참으로 슬픈 날이 되고 말 것입니다.

우리는 마지막때를 준비하라는 예수님의 말씀을 더욱 가슴에 새겨야 합니다. 예수님의 재림의 날이 하루하루 더욱 다가오고 있기 때문입니다.

혼인 잔치 예복을 점검하라

우리가 가장 먼저 준비할 것은 혼인잔치에 적합한 예복을 점검하는 것입니다. 예복을 입지 않은 자는 혼인잔치에 들어갈 수 없기 때문입니다.

이러한 사실을 마태복음 22장 10-14절은 다음과 같이 잘 말해줍니다.

> 종들이 길에 나가 악한 자나 선한 자나 만나는 대로 모두 데려오니 혼인 잔치에 손님들이 가득한지라 임금이 손님들을 보러 들어올새 거기서 예복을 입지 않은 한 사람을 보고 이르되 친구여 어찌하여 예복을 입지 않고 여기 들어왔느냐 하니 그가 아무 말도 못하거늘 임금이 사환들에게 말하되 그 손발을 묶어 바깥 어두운 데에 내던지라 거기서 슬피 울며 이를 갈게 되리라 하니라 청함을 받은 자는 많되 택함을 입은 자는 적으니라(마 22:10-14).

그렇다면 혼인잔치의 예복은 무엇입니까? 예수님의 십자가의 보혈로 정결함을 받는 것입니다. 모든 인류의 죄를 위해 십자가에서 죽으시고 부활하신 예수님의 사랑을 믿음으로 받고, 생명의 예수님을 구세주와 주인으로 섬기는 삶을 살아가는 것! 이것이 혼인잔치의 예복을 준비하는 것입니다.

> 영접하는 자 곧 그 이름을 믿는 자들에게는 하나님의 자녀가 되는 권세를 주셨으니 이는 혈통으로나 육정으로나 사람의 뜻으로 나지 아니하고 오직 하나님께로부터 난 자들이니라(요 1:12-13).

먼저 말씀드릴 것은, 저는 이 책을 읽으시는 대부분의 분들이 복음을 모른다고 생각하고 있지 않다는 사실입니다. 오히려 이 책을 읽으실 독자분이시라면, 어느 성도님들보다 예수님을 사랑하시는 분들이라고 생각하고 있습니다.

그러나 그럼에도 불구하고 무엇보다 복음을 먼저 언급하는 것은, 예수님을 재림을 준비하는 모든 성도들은 매일의 삶속에서 날마다 새롭게 솟아나는 복음의 감격과 능력을 경험해야하기 때문입니다.

젊은 청년 시절에 로이드 존스 목사님의 「십자가」(THE CROSS: God's Way of Salvation)라는 책을 읽은 적이 있습니다. 이 책에서 목사님은 갈라디아서 6장 14절 한 구절로 열 차례 넘게 복음의 위대한 능력을 장엄하게 설교했습니다.

> 그러나 내게는 우리 주 예수 그리스도의 십자가 외에 결코 자랑할 것이 없으니 그리스도로 말미암아 세상이 나를 대하여 십자가에 못 박히고 내가 또한 세상을 대하여 그러하니라(갈 6:14).

이때 저는 설교 한편 한편을 수차례 정독하고 정리하는 가운데 예수님의 십자가의 위대한 사랑과 한없는 능력 앞에 앞도 당하게 되었습니다. 그리고 갈라디아서 6장 14절은 제 인생을 이끌어가는 가장 중요한 말씀이 되었습니다.

사랑하는 여러분, 우리의 신앙의 정도가 어떠하든지 모든 성도의 유일한 자랑은 예수 그리스도의 십자가가 되어야 합니다. 십자가는 가장 위대한 하나님의 사랑이자 능력입니다. 예수 그리스도의 십자가는 모든 사단의 권세를 무너트리고, 장차 임할 진노의 심판에서 우리를 건집니다.

때문에 우리는 매일의 삶속에서 더욱 복음의 감격이 흘러넘치는 삶을 살아야 합니다.

혹 아직까지 예수님을 구주로 영접하지 않으신 분이 계시다면 간곡히 권면 드립니다. 예수님께서 모든 사람의 죄를 대신해서 십자가에서 모든 물과 피를 흘려주셨습니다. 이 십자가의 사랑을 가슴으로 받아들일 때, 장차 임할 진노의 심판에서 제외 될 수 있습니다. 꼭 혼인잔치의 예복을 준비하셔서 혼인잔치의 감격을 함께 누리시길 소망합니다.

더욱 성령님과 동행하라

우리가 예수님의 재림을 준비하는 두 번째 과정은 성령님과 더욱 동행하는 삶을 살아가는 것입니다.

마태복음 25장에서 예수님께서 언급하신 지혜로운 다섯 처녀들은 한결같이 등잔과 더불어 여분의 기름을 준비하였습니다(마 25:3-4).

성경에서 기름을 준비한다는 것은 한마디로 성령의 충만함 가운데 성령님과 동행하는 삶을 살아가는 것을 의미합니다.

우리는 이러한 예수님의 가르침을 기억하고 더욱 성령의 충만함을 사모하며, 또한 우리 안에 내주 하시는 성령님과 더욱 겸손히 동행하는 삶을 살아가야 합니다.

특별히 제가 존경하는 한 목사님은 이와 관련하여 성도님께 다음과 같은 권면을 하셨습니다.

임산부가 태아를 위해 좋은 생각을 하고 건강한 음식을 먹으며 조심스레 행동하는 것처럼, 성도는 우리 안에 계신 성령님을 잘 섬기기 위해 모든 언행에 더욱 유의해야 합니다.

그렇습니다. 우리는 내주하시는 성령님을 모시며 살아가는 존재입니다. 모든 생각과 언어와 행동이 성령님께 기쁨이 되어드릴 수 있도록 유념하고, 성령님을 더욱 의지하며 겸손히 성령님과 동행하는 삶을 살아가야 합니다.

경건과 거룩의 삶을 추구하라

세 번째로 모든 삶속에서 더욱 경건하고 거룩한 삶을 살아야 합니다.

베드로 사도는 예수님의 재림을 준비하는 성도들의 삶이 어떠해야 하는지를 다음과 같이 말해 주었습니다.

그러나 주의 날이 도둑 같이 오리니 그 날에는 하늘이 큰 소리로 떠나가고 물질이 뜨거운 불에 풀어지고 땅과 그 중에 있는 모든 일이 드러나리로다 이 모든 것이 이렇게 풀어지리니 너희가 어떠한 사람이 되어야 마땅하냐 거룩한 행실과 경건함으로 하나님의 날이 임하기를 바라보고 간절히 사모하라……. 그러므로 사랑하는 자들아 너희가 이것을 바라보나니 주 앞에서 점도 없고 흠도 없이 평강 가운데서 나타나기를 힘쓰라(벧후 3:10-14).

거룩한 행실과 경건한 삶으로 예수님의 재림을 갈망하는 삶! 이것이 바로 하나님께서 원하시는 신부의 삶입니다.

요한계시록 19장 역시 이와 같은 삶을 살아가는 성도들이 혼인잔치 때 세마포 옷으로 단장한 자들임을 증언하고 있습니다.

우리가 즐거워하고 크게 기뻐하며 그에게 영광을 돌리세 어린 양의 혼인 기약이 이르렀고 그의 아내가 자신을 준비하였으므로 그에게 빛나고 깨끗한 세마포 옷을 입도록 허락하셨으니 이 세마포 옷은 성도들의 옳은 행실이로다 하더라(계 19:7-8).

이와 같이 우리는 점도 없고 흠도 없는, 가장 아름다운 삶의 모습으로 예수님을 뵈어야 합니다. 이것이 신랑으로 오시는 예수님께 기쁨을 드리는 신부의 삶입니다.

그렇다면 우리는 어떻게 이러한 삶을 살아갈 수 있을까요? 디모데 피 웨버 목사님(Timothy P. Weber)은 「세상의 종말은 오고 있는가?」(The Future Explored)라는 책에서 이와 관련된 토레이 목사님의 소중한 교훈을 인용해 주었습니다.

> 토레이 목사는 어떠한 상황에도 적용될 수 있는 한 실용적인 방법을 제시했다. "만약에 너의 주가 오셔서 네가 하고 있는 것을 보고, 기뻐하지 않을 것이라고 생각되는 것은 어떤 일이든지 하지 말아라……. 만약에 주가 오실 때 네가 있는 곳을 보이고 싶지 않다면 어느 장소든지 결코 가지 말아라"(1986:143-144).

그렇습니다. 우리는 지금 이 순간이라도 예수님께서 재림하실 수 있다는 생각을 가지고 살아가야 합니다. 예수님께서 현재 나의 삶을 보실 때 슬퍼하실 모든 일들을 뒤로해야 합니다. 이렇게 할 때 예수님께서 칭찬하실 삶에 더욱 헌신할 수 있게 됩니다. 이것이 예수님 앞에서 부끄러움 없는 거룩한 삶을 살아가는 비결입니다.

사랑이 넘치는 공동체를 추구하라

네 번째, 사랑이 흘러넘치는 믿음의 공동체를 추구해야 합니다.

말세의 주요 특징 중 하나는 사랑이 식어지는 것입니다. 악한 사단의 영향을 받아 세상 사람들은 지극히 이기적인 삶을 추구하게 됩니다. 사랑에서 멀어지게 됩니다.

그런데 이러한 현상은 세상 사람들뿐 아니라 성도에게도 동일하게 나타나게 됩니다. 사랑이 식어진 교회생활, 사랑이 식어진 가정생활에 더욱 노출되게 됩니다. 더 나아가 예수님 재림 직전에는 성도들이 서로를 악한 자들에게 넘기는 일까지 나타나게 됩니다.

> 그 때에 사람들이 너희를 환난에 넘겨 주겠으며 너희를 죽이리니 너희가 내 이름 때문에 모든 민족에게 미움을 받으리라 그 때에 많은 사람이 실족하게 되어 서로 잡아 주고 서로 미워하겠으며 거짓 선지자가 많이 일어나 많은 사람을 미혹하겠으며 불법이 성하므로 많은 사람의 사랑이 식어지리라(마 24:9-12).

우리는 말세에 사랑이 식어질 것이라는 예수님의 말씀에 유념하여, 서로를 사랑하는 일에 더욱 힘써야 합니다. 겨울날 온

몸을 녹여주는 따뜻한 난로처럼, 뜨겁게 사랑하는 믿음의 공동체를 추구해야 합니다. 이때 비로소 성도에게 임할 고난의 한파를 손쉽게 넘어설 수 있습니다. 기쁨으로 예수님의 재림을 맞이하는 영광을 누리게 됩니다.

> 주께서 우리가 너희를 사랑함과 같이 너희도 피차간과 모든 사람에 대한 사랑이 더욱 많아 넘치게 하사 너희 마음을 굳건하게 하시고 우리 주 예수께서 그의 모든 성도와 함께 강림하실 때에 하나님 우리 아버지 앞에서 거룩함에 흠이 없게 하시기를 원하노라(살전 3:12-13).

더욱 예수님의 재림을 갈망하라

마지막 다섯 번째는, 다시 오실 예수님을 더욱 갈망하는 것입니다.

앞에서 수차례 반복했지만, 예수님을 사랑하는 신부들은 다시 오실 예수님을 더욱 갈망해야 합니다. 이와 관련하여 토레이 목사님은 다음과 같이 말했습니다.

> 주님의 재림을 준비하고 기다리는 것만으로는 충분하지 않다. 우리는 진정 우리 주님의 오심을 갈망해야 한다. 만일 우리가 그 밖의 무엇보다도 우리 주님을 사랑한다면, 우리

그렇습니다. 우리가 진정 예수님을 사랑한다면 신랑되신 예
수님을 더욱 갈망할 수밖에 없습니다. 이것이 순결한 신부들의
올바른 마음 자세입니다.

예수님께서도 예수님의 재림의 날을 사모하는 신부들을 더
욱 기뻐하시며, 하나님께 영광이 되는 삶을 살아갈 수 있는 하
늘의 능력을 허락해 주시길 즐거워하십니다.

더욱 중요한 사실은, 예수님은 재림의 날에 이처럼 예수님의
재림을 사모하며 기다린 신부들에게 감격의 상을 허락해 주신
다는 것입니다.

사도 바울은 이러한 사실을 사랑하는 동역자요, 영적 아들
인 디모데에게 다음과 같이 말해 줍니다.

이제 후로는 나를 위하여 의의 면류관이 예비되었으므로 주
곧 의로우신 재판장이 그 날에 내게 주실 것이며 내게만 아
니라 주의 나타나심을 사모하는 모든 자에게도니라(딤후 4:8).

이처럼 예수님은 당신의 재림을 갈망하는 성도들에게 하늘의 상급을 허락해 주실 것입니다. 예수님의 명령에 따라 다시 오실 예수님의 길을 준비하며 그 영광의 날을 꿈꾸는 성도들을 너무도 기뻐하시기 때문입니다.

사랑하는 여러분, 예수님은 이 땅에 다시 오십니다.

예수님께서 영광의 왕으로 이 땅에 다시 임하실 때, 저와 여러분은 어떠한 모습으로 예수님을 영접해야 하겠습니까? 그토록 뵙고 싶었던 예수님을 가장 아름다운 신부의 모습으로 맞이해야 하지 않을까요?

웅장한 나팔소리가 천지를 진동시키고, 수많은 천군천사와 함께 예수님께서 왕으로 임하시는 그 날! 신랑을 맞이할 준비를 하지 않은 모든 자들은 통곡하며 후회하게 될 것입니다. 그러나 그 영광의 날을 그리며 아름다운 신부의 단장을 준비한 성도들은 형용할 수 없는 감격과 기쁨을 누리게 될 것입니다.

이전보다 더욱 예수님을 사랑합시다. 거룩하고 아름다운 신부로 함께 단장합시다. 이것이 모든 성도의 거룩한 의무이자 유일한 기쁨입니다.

마라나타! 주 예수여 어서 오시옵소서.

이것들을 증언하신 이가 이르시되 내가 진실로 속히 오리라 하시거늘 아멘 주 예수여 오시옵소서(계 22:20).

참고 문헌

국내서적

김남준. 『게으름』. 서울: 생명의말씀사, 2005.
　　　　『구원과 하나님의 계획』. 서울: 부흥과개혁사, 2009.
　　　　『당신은 영적 군사입니까』. 서울: 솔로몬, 2014.
　　　　『역사를 움직이는 하나님의 일꾼』. 서울: 부흥과개혁사, 2013.

김창영, 김홍만. 『알곡과 가라지』. 서울: 생명의말씀사, 2015.

박아론. 『기독교 종말론』. 서울: CLC, 2004.

백금산. 『만화 종말론』. 서울: 부흥과개혁사, 2011.

윤성목. 『교회는 대환란을 통과하는가?』. 성남: 진리의성경, 2015.

번역서적

Andrew Murray. *Andrew Murray on The Holy Sprit*. 조계광 역. 『나를 비우고 성령으로 채우라』. 서울: 규장, 2011.

Anthony A. Hoekema. *The Bible and the Future*. 유호준 역. 『개혁주의 종말론』. 서울: CLC, 1998.

Asher Intrater. *How should believers live in the end times?*. 오화평 역. 『마지막때, 성도는 어떻게 살아야 하는가』. 서울: 두란노, 2012.
　　　　　　The King is coming back to Jerusalem. KIBI 역. 『그날이 속히 오리라』. 서울: 두란노, 2004.

Chuck Smith. *The Tribulation & The Church*. 신동철 역. 『대환난과 교회』. 서울: 도서출판 건생, 1999.

D. M. Lloyd-Jones. *The church and the last thing*. 장광수 역. 『교회와 종말에 일어날 일』. 서울: CLC, 2000.

        THE CROSS: God's Way of Salvation. 서창원 역. 『십자가』. 서울: 두란노, 1992.

Herman N. Riderbos. *Matthew*. 오광만 역. 『마태복음』. 서울: 여수룬, 1990.

John Bunyan. *How to pray in the Spirit*. 송중인 역. 『존 번연의 기도 학교』. 서울: 두란노, 2006.

John F. Balchin. *Citizen of another kingdom*. 번역부 역. 『이 세상을 본받지 말라』. 서울: 네이게이토, 1989.

John Haggai. *The Steward*. 번역부 역. 『충성된 청지기』. 서울: 보이스사, 1985.

John White. *The cost of commitment*. 박영민 역. 『헌신의 대가』. 서울: 한국기독학생회출판부, 1989.

George Eldon Ladd. *THE BLESSED HOPE*. 이현식 역. 『재림과 휴거』. 서울: 도서출판 영문, 1993.

R. A. Torrey. *Jesus is coming for you*. 박민희 역. 『당신을 위해 다시 오실 예수님』. 의정부: 드림북, 2008.

R. C. Sproul. *The Last Days According to Jesus*. 김정식 역. 『예수님께서 말씀하신 종말』. 서울: 좋은씨앗, 2003.

Timothy P. Weber. *The Future Explored*. 이창우 역. 『세상의 종말은 오고 있는가?』. 서울: 기독교문화협회, 1986.

깨어 준비하라
생각지 않은 때에 인자가 오리라

준 비

2016년 6월 1일 1판 1쇄 발행

지은이 임에녹
홍 보 강석원
펴낸이 임정훈
인 쇄 예원프린팅
제 본 정성문화사
펴낸곳 다윗의열쇠
등 록 제2011-20호(2011.9. 20)

주 소 서울 동대문구 제기동823 렉스빌 301호
이메일 keyofdavid@hanmail.net
전 화 070)7329-8115
팩 스 02)6918-4153

책 값 10,000원
ISBN 979-11-87404-00-2 03230

「이 도서의 국립중앙도서관 출판예정도서목록(CIP)은 서지정보유통지원시스
템 홈페이지(http://seoji.nl.go.kr)와 국가자료공동목록시스템(http://www.
nl.go.kr/kolisnet)에서 이용하실 수 있습니다.(CIP제어번호: CIP2016012032)」